Petit guide pour s'enrichir au quotidien

Dans la collection Eyrolles Pratique :

- *Le développement durable au quotidien*, Farid Baddache
- *Votre CV sur le Net*, Sébastien Bailly
- *Réfléchir vite et bien*, Edward de Bono
- *S'organiser, c'est facile !* Stéphanie Bujon et Laurence Einfalt
- *Rédiger sans complexes*, Michelle Fayet
- *Gagner en efficacité*, Dr Patrick M. Georges
- *Le commerce équitable*, Tristan Lecomte
- *Comment écrire ses mémoires*, Marianne Mazars
- *Faites le bilan de vos compétences*, Patrick de Sainte Lorette et Corinne Goetz
- *L'entretien de motivation*, Patrick de Sainte Lorette et Jo Marzé
- *Le CV et la lettre de motivation*, Patrick de Sainte Lorette et Jo Marzé
- *Tester et développer sa mémoire*, Patrick de Sainte Lorette et Jo Marzé
- *Savoir prendre des notes*, Renée Simonet et Jean Simonet

Gérard Huguenin

Petit guide pour s'enrichir au quotidien

EYROLLES

Éditions Eyrolles
61, Bd Saint-Germain
75240 Paris Cedex 05
www.editions-eyrolles.com

Cet ouvrage est la nouvelle édition refondue et mise à jour de
Argent : ce qu'il faut faire et que vous ne savez pas...

Mise en pages : Istria

ISBN 10 : 2-7081-3782-4
ISBN 13 : 978-2-7081-3782-0

Sommaire

Introduction

Il est exceptionnel d'hériter d'un vieil oncle très riche. Il est plus rare encore d'avoir une idée de génie et de devenir grâce à elle l'une des premières fortunes du pays.

Pour devenir riche, on peut encore réussir une carrière fulgurante ou créer son entreprise afin d'exploiter une idée originale.

Mais l'objet de ce livre n'est pas de vous conseiller en la matière.

Alors quel est-il ? Vous aider à devenir riche de façon progressive et infaillible.

Gérer son argent requiert un minimum d'attention. Il faut y accorder au moins autant de temps qu'à l'achat de sa voiture ou à l'organisation de ses vacances ! Or, tel n'est pas le cas de beaucoup de Français.

L'argent est encore souvent un sujet tabou. On n'en parle pas... ou avec détachement (« L'argent ne fait pas le bonheur »), voire avec mépris. Gagner beaucoup d'argent est suspect. Avoir une fortune importante, surtout si elle est récente, est mal perçu, et les « nouveaux riches » sont méprisés à la fois par ceux dont la fortune est ancienne, et par ceux qui savent qu'ils ne seront jamais riches — faute de vouloir le devenir.

Car ces Français qui s'intéressent peu à l'argent **choisissent** de ne pas devenir riches. Il n'est pas nécessaire d'avoir un minimum d'argent au départ (par exemple, un « bon petit héritage » !). En revanche, **il faut décider de devenir riche.**

Par ailleurs, devenir riche, ce n'est pas seulement **savoir gagner de l'argent** (le plus possible), mais aussi **savoir le dépenser** (le moins possible) et **le placer** pour le faire fructifier (le mieux possible).

Vous guider dans ces domaines est l'ambition de ce livre. Un livre composé de **conseils simples et de bon sens, donc efficaces**.

Chapitre 1

Compter

L'essentiel

1. Faites votre budget : recensez vos revenus et vos dépenses.
2. Décidez en fonction de votre budget.
3. Établissez votre bilan de patrimoine.
4. Mesurez le danger de ne pas compter.

Compter est non seulement un conseil de bon sens, mais aussi un mot d'ordre que vous devez absolument respecter pour accumuler progressivement une épargne et, pourquoi pas, faire vos premiers pas vers la fortune.

Compter, c'est notamment décider d'établir son budget.

Recensez vos revenus et vos dépenses

Établir votre budget consiste à recenser vos revenus et vos dépenses pour les deux années à venir, à partir de vos revenus et de vos dépenses de l'année passée.

Il s'agira par exemple, à partir de vos revenus et de vos dépenses de 2006, d'estimer vos revenus et vos dépenses pour 2007 et 2008.

Pourquoi établir votre budget ?

Connaître vos revenus et vos dépenses actuels et pour les deux ans qui viennent vous permet :

- d'**avoir une vision plus claire du futur** (quel sera le poids de vos charges par rapport à votre salaire ?) ;
- d'**éviter les solutions extrêmes** (devoir vendre le *mobile home* acheté à crédit il y a deux ans à peine), ou plus simplement **les mauvaises surprises** (vacances gâchées à cause d'une dépense importante dont vous aviez oublié l'échéance et qu'il faut absolument régler avant juin prochain) ;
- de **connaître votre potentiel d'épargne**, premier pas indispensable vers la constitution de votre patrimoine (pourrez-vous commencer à épargner afin de pouvoir emprunter rapidement pour acheter votre logement ?).

Témoignage

Grâce au budget, savoir où on en est et où on va

« Depuis maintenant près de dix ans, mon mari et moi établissons systématiquement notre budget ; ou plus exactement deux budgets : ceux des deux années à venir.

« Au début, cela nous semblait contraignant (c'est vrai que cela demande un peu de temps) et assez difficile (comment, par exemple, prévoir nos dépenses de voiture pour 2008 ?). Mais, avec un peu d'habitude, cela devient plus facile. Et surtout, c'est très utile : on sait où on en est et où on va. On ne risque pas d'être obligés d'emprunter à la famille ou à des amis parce qu'on a vécu au jour le jour, sans essayer de prévoir. La plupart de nos amis font d'ailleurs aujourd'hui comme nous et ils en sont très satisfaits. »

Jacqueline Moulin, 46 ans, responsable administrative aux Mutuelles réunies

Comment établir votre budget ?

En matière de **revenus**, il s'agit de recenser les salaires, allocations familiales, aides et prestations diverses (par exemple les bourses d'études). Mais vous devez veiller à ne pas retenir des sources de revenus trop incertaines qui ne peuvent permettre de définir sérieusement une politique patrimoniale sur plusieurs années.

En matière de **dépenses**, vous devez prendre en compte :

- les **dépenses de la vie quotidienne** : alimentation, vêtements, loisirs, transports... ;
- les **impôts** ;
- les **vacances** ;
- la **santé** ;
- les **dépenses pour vous équiper** : à la fois les dépenses d'équipement de la **maison** (machine à laver le linge, machine à laver la vaisselle, réfrigérateur, meubles...) et les dépenses liées à la **voiture** ;
- les **dépenses pour vous loger** : si vous êtes locataire, il s'agit du loyer et des charges locatives ; si vous êtes propriétaire, ce sont éventuellement des frais de copropriété et des charges liées au remboursement de l'emprunt (intérêts et capital) si vous avez emprunté. Dans les deux cas, ce sont aussi les impôts locaux, les frais d'assurance et les dépenses d'entretien, de réparation ou tout simplement d'embellissement de votre appartement ou de votre maison.

Se poser les bonnes questions

Certaines de vos dépenses sont difficilement planifiables de façon précise : le remplacement de la vieille machine à laver cédée par votre mère, les travaux de ravalement de l'immeuble décidés lors de la dernière assemblée de copropriétaires...
Pour d'autres dépenses, il existe deux types de choix :

- Acheter maintenant ou plus tard ?
- Acheter au comptant ou à crédit ?

Les réponses apportées à ces deux questions dépendront notamment :

- de vos revenus : sont-ils suffisants pour acheter au comptant grâce à l'épargne que vous avez constituée ? Sont-ils suffisants pour obtenir un crédit auprès de votre banque ?
- de votre endettement : comment allez-vous faire face à de nouveaux crédits ? Aurez-vous la capacité financière suffisante pour payer les intérêts et rembourser le capital ?

Pour établir votre budget, vous devez respecter trois grands principes.

■ 1er principe : optez pour une vision pessimiste de l'avenir

La prudence est la seule façon de vous préparer de bonnes surprises et d'accroître votre épargne.

Dans ce cadre, il faut peut-être **envisager d'éventuelles baisses de vos revenus** (ex. : chômage, cessation d'activité) **et/ou des alourdissements de vos dépenses** (ex. : remplacement de tel équipement ancien et aujourd'hui « à bout de souffle », financement d'études supérieures, etc.).

■ 2e principe : ne soyez pas trop gourmand en matière de dépenses

Vous devez, de façon systématique, **vous interroger sur les possibilités de réduire vos dépenses**.

Pour estimer vos dépenses futures, vous fonder sur vos dépenses actuelles est une solution de facilité, dont l'inconvénient majeur est de vous empêcher d'économiser (première étape de la constitution de votre patrimoine). En effet, maigrir, ce n'est pas seulement compter ses calories, c'est aussi suivre un régime.

■ 3e principe : distinguez l'indispensable, l'utile et le superflu

Par conséquent, recensez toutes les dépenses où une marge de manœuvre est possible (ex. : les loisirs) et les dépenses jugées incompressibles ou difficilement compressibles (ex. : le loyer). Une analyse sérieuse vous montrera que **vous pouvez réduire beaucoup de vos dépenses sans grandes difficultés** (voir chapitre 3).

Que faire concrètement ?

L'établissement d'un budget peut sembler complexe et fastidieux, mais l'opération est **plus simple qu'il n'y paraît**. L'habitude sera vite prise et ce qui semblait hier une corvée deviendra rapidement un jeu d'enfants.

Il suffit d'utiliser l'ensemble des informations, nombreuses, dont vous disposez : fiches de paie et déclarations de revenus, relevés de comptes bancaires ou postaux, documents liés aux prestations sociales, factures (EDF, GDF, téléphone, fuel, etc.), quittances de loyer, d'assurance, de mutuelle, etc.

La première action à mener est de **recenser l'ensemble de vos revenus et l'ensemble de vos dépenses**. Aux yeux de beaucoup, cette action semble la plus difficile ; or, elle l'est uniquement parce que, faute d'un classement suffisamment rigoureux des documents personnels, il n'est pas aisé de trouver l'information !

Conclusion : **pensez à classer vos documents de façon systématique et rigoureuse.**

À partir des chiffres de l'année passée, comment allez-vous estimer les revenus et les dépenses des deux années qui viennent ? En vous interrogeant sur les augmentations et les diminutions probables de chacune des rubriques de revenus et de dépenses.

Citons quelques exemples à titre d'illustration :

- Allez-vous bénéficier d'une augmentation de salaire ? Si oui, félicitations ! De combien approximativement sera cette augmentation ?
- Envisagez-vous de remplacer votre voiture dans les années qui viennent ? Quel en sera le coût ?
- Bonne nouvelle : le gouvernement a décidé une baisse de 5 % du montant de l'impôt sur le revenu pour l'année prochaine.
- Vos dépenses passées liées à l'agencement de la cuisine ne devront bien évidemment pas figurer parmi vos charges futures.
- Le séjour linguistique de votre cadet sera très coûteux. N'oubliez pas d'en tenir compte pour établir vos prévisions de dépenses.

- Sachez que le montant de vos allocations familiales va diminuer puisque votre aîné, qui a cessé ses études, aura 18 ans l'année prochaine.

La prise en compte de ces éléments est nécessaire pour établir le plus précisément possible votre budget.

Ce recensement est plus facile qu'on ne le pense car nombre de revenus et de dépenses varient faiblement d'une année à l'autre. Tel est par exemple le cas du loyer et des charges locatives, des intérêts dus sur les emprunts et, hélas, la plupart du temps, du salaire…

Modèle de budget personnel

À partir des chiffres constatés en 2006, estimez vos revenus et vos dépenses pour 2007 et 2008.

Calculez ensuite année par année la différence entre les revenus et les dépenses (voir tableau p. 18-19).

Décidez en fonction de votre budget

Si votre budget est excédentaire

Vos revenus étant supérieurs à vos dépenses, votre **capacité d'épargne** augmentera. Vous pourrez ainsi par exemple soit constituer un apport personnel dans le cadre d'un projet immobilier, soit faire face à d'éventuelles dépenses imprévues.

Si votre budget est déficitaire

Vos dépenses étant supérieures à vos revenus, vous devrez assez vite **puiser dans vos économies ou recourir à l'endettement**. Quelle que soit la solution que vous retiendrez pour faire face à ce déficit, vous devez dès maintenant être vigilant dans la gestion de votre budget. Il est en effet indispensable de **réduire votre « train de vie »**.

Il en est de même si l'excédent de vos revenus sur vos dépenses est en baisse. Il faudra dans ce cas veiller à ne pas dépasser les prévisions de dépenses, le risque du budget déficitaire approchant à grands pas !

Compter, recompter et vérifier

Épluchez systématiquement vos relevés de compte bancaire.

- Avez-vous perçu les sommes qui vous sont dues ?
- À quoi correspondent les montants débités ? S'agit-il réellement de dépenses engagées, de virements pour lesquels vous avez donné votre accord (règlement des mensualités de l'impôt sur le revenu, prélèvements des factures d'EDF et de GDF, du téléphone...) ?

Établissez votre bilan de patrimoine

Le bilan de patrimoine est l'inventaire de ce que vous possédez et de ce qu'on vous doit.

Pourquoi établir votre bilan de patrimoine ?

Grâce à votre bilan de patrimoine vous aurez une idée relativement précise :

- de **l'ensemble de vos biens**, qu'il faut faire fructifier, ou que vous devrez peut-être vendre en cas de difficultés importantes ;
- de **l'ensemble de vos dettes**, qu'il faut bien sûr rembourser et qui sont source de charges à supporter chaque mois (paiement des intérêts et remboursement du capital emprunté).

Le bilan de patrimoine vous permet d'évaluer votre capacité à réaliser vos objectifs de développement patrimonial.

	Réels 2006	Prévisionnels 2007	Prévisionnels 2008
REVENUS (en €)			
Salaire annuel net de Monsieur + primes			
Salaire annuel net de Madame + primes			
Allocations familiales			
Autres aides et prestations sociales			
Dividendes perçus			
Intérêts perçus			
Loyers perçus			
Bourses d'études			
Autres revenus			
Total des revenus			
DÉPENSES (en €)			
Alimentation			
Habillement			
Entretien appartement/ maison			
Équipement appartement/ maison			
Loyers et charges locatives			
Eau, gaz, électricité			
Assurances et mutuelles			
Charges de copropriété			

Travaux appartement/maison			
Impôt sur le revenu ; impôts locaux			
Dépenses santé			
Dépenses bien-être			
Intérêts, remboursement crédit immobilier			
Intérêts, remboursement crédit personnel			
Intérêts, remboursement crédit voiture			
Intérêts, remboursement autres crédits			
Scolarité des enfants			
Vacances d'été			
Vacances d'hiver			
Autres dépenses de loisirs			
Dépenses voiture			
Frais de transports			
Autres dépenses			
Total des dépenses			
	SYNTHÈSE		
Total des revenus			
Total des dépenses			
SOLDE			

Comment établir votre bilan de patrimoine ?

Certains éléments peuvent être connus de façon précise et régulière. Consultez ainsi les **relevés périodiques** pour vos comptes en banque, votre portefeuille de valeurs mobilières (actions, obligations...), votre assurance-vie, votre épargne salariale, vos crédits (capital et intérêts restants dus). D'autres éléments doivent être **estimés par des professionnels** (ex. : valeur de votre logement). Ainsi, votre bilan de patrimoine ne peut être établi avec la même précision que votre budget. C'est pourquoi on parle plus d'« estimer » que de calculer ou de chiffrer.

Dans une optique patrimoniale, **estimer ce que vous possédez** suppose de ne pas retenir tous les biens dont vous êtes propriétaire, mais seulement :

- ceux que vous pouvez **monétiser rapidement** (c'est-à-dire que vous pouvez vendre et donc transformer en espèces à très court terme)...
- ... ET qui présentent **une valeur relativement importante**. Ainsi, votre télévision (même à écran plat !) et votre voiture (sauf s'il s'agit d'une voiture de collection...) ne sont pas, en général, considérées comme des éléments de patrimoine.

Estimer ce qu'on vous doit passe par le recensement des différents crédits non remboursés et par la prise en compte du montant restant dû (capital et intérêts jusqu'à l'échéance finale).

Mesurez le danger de ne pas compter

Ne pas établir son budget et son bilan patrimonial peut entraîner de graves désillusions :

- une aggravation de l'endettement, puis rapidement une situation de surendettement ;
- voire ce qu'on appelle la « faillite civile », qui se traduit certes par l'annulation de toutes les dettes... mais également, au préalable, par la vente forcée de tous les biens !

Le surendettement et le plan de redressement

Le **surendettement** se caractérise par la présence d'un **taux d'endettement élevé** et par la multiplication des **incidents de paiement** et des **poursuites de créanciers** (avis d'huissier, saisies...).

Les sources du surendettement

En dehors de la faiblesse des revenus et des « **accidents de la vie** » (chômage, accident, maladie, divorce...), le crédit à la consommation, et spécialement le **crédit permanent** (qu'on trouve dans 80 % des cas de surendettement) sont source de difficultés pour nombre de ménages.

Sur le plan juridique, une personne est considérée comme **surendettée** lorsqu'elle est dans **l'impossibilité manifeste de faire face à l'ensemble de ses dettes** (dettes bancaires, loyers, factures impayées de toute nature, dettes fiscales, etc.).

Une difficulté passagère de trésorerie est insuffisante pour considérer la personne comme surendettée.

Prendre rapidement le problème à bras-le-corps

Si vous rencontrez de plus en plus souvent des difficultés pour régler vos dépenses courantes, votre loyer, la cantine des enfants, etc., et pour faire face à vos dettes, n'attendez pas pour tenter de résoudre le problème.

Avant d'engager la procédure de surendettement, demandez des délais de paiement à vos créanciers.

Évitez d'accumuler des retards de règlement qui deviennent très vite coûteux et détériorent votre situation financière.

Tentez de trouver une solution avec votre banquier.

Surtout, ne contractez pas de nouveaux emprunts pour payer vos charges de remboursement ! Cela ne ferait qu'aggraver votre endettement.

La procédure de surendettement

La procédure de surendettement est entièrement gratuite. Elle est engagée par l'intéressé auprès de la **commission de surendettement** de son département. Cette commission a pour rôle de trouver un accord amiable entre les créanciers et la personne surendettée.

Un **plan de redressement** est alors proposé ; ce plan tient compte des charges mensuelles courantes, des biens personnels et des revenus de l'intéressé. Il peut comporter des mesures comme **le report ou le rééchelonnement du paiement des dettes**, voire la remise des dettes.

La personne surendettée peut être amenée à **vendre certains de ses biens** (notamment ceux qui ne lui sont pas indispensables : résidence secondaire, voiture...) et à mettre fin à ses produits d'épargne pour les affecter au paiement de ses dettes.

La commission doit laisser à l'intéressé un **minimum de ressources** (dit « reste à vivre ») pour lui permettre de faire face aux dépenses de la vie courante, comme le loyer. Ce minimum doit être au moins égal au revenu minimum d'insertion, majoré de 50 % pour un ménage.

Bien évidemment, la personne surendettée ne doit pas aggraver son insolvabilité et doit prendre l'engagement de ne pas souscrire de nouveaux emprunts.

Toutes les mesures prises dans le cadre de la procédure de surendettement sont inscrites au fichier national des incidents de remboursement des crédits aux particuliers (FNICP).

Si, après analyse, la commission de surendettement conclut qu'un rééchelonnement ou qu'un report des dettes ne peut suffire à rétablir la situation du débiteur, la procédure de rétablissement personnel est alors engagée.

Le plan de rétablissement personnel et la faillite civile

■ La loi Borloo du 1er août 2003

La législation en matière de surendettement, issue de la loi Neiertz du 31 décembre 1989, a été complétée par la loi Borloo du 1er août 2003, qui instaure la procédure de « rétablissement personnel ».

Cette procédure, dite « de faillite civile », est inspirée de la législation en vigueur en Alsace-Moselle depuis plus d'un siècle.

Cette loi a été qualifiée de « **loi de la deuxième chance** » par Jean-Louis Borloo, car, moyennant une liquidation du patrimoine, elle permet l'effacement des dettes des personnes les plus endettées.

La procédure de rétablissement personnel

Est éligible à cette procédure la personne qui est dans une **situation irrémédiablement compromise**, caractérisée par l'impossibilité manifeste de mettre en œuvre les mesures de traitement de son surendettement prescrites par la commission.

Celle-ci propose alors à la personne surendettée d'engager la procédure. L'intéressé lui-même peut demander à en bénéficier.

Le tribunal de grande instance, saisi par la commission de surendettement, est chargé de la procédure de rétablissement personnel. L'ouverture de cette procédure suspend les procédures d'exécution (par exemple, obligation de payer) portant sur les dettes autres qu'alimentaires, celles-ci correspondant aux sommes dues aux enfants par leurs parents (pensions alimentaires).

Suivant la situation de l'intéressé, le juge peut faire procéder à une **enquête sociale**. Il dresse le bilan de la situation économique et sociale de la personne surendettée, vérifie les créances, évalue les éléments d'actif (les biens possédés) et de passif (les dettes).

Le juge peut alors prononcer la **liquidation judiciaire du patrimoine personnel**. Une fois la liquidation prononcée, la personne surendettée ne peut plus disposer de ses biens.

Notez que seuls peuvent être vendus les « **biens saisissables** » et que sont ainsi exclus de la liquidation :

- les « biens meublants » nécessaires à la vie courante (tables, lits, cuisinière...) ;
- les biens indispensables à l'activité professionnelle de l'intéressé.

Les biens sont vendus et le juge répartit le produit de la vente entre les créanciers. Si le produit de la vente est suffisant pour rembourser l'ensemble des dettes, le juge prononce la clôture de la procédure. Dans le cas contraire, il prononce la clôture de la procédure « pour insuffisance d'actif ».

La clôture de la procédure, quelle que soit sa forme, entraîne **l'effacement de toutes les dettes de l'intéressé** (crédits à la consommation, prêts immobiliers, loyers en retard, dettes fiscales, etc.), **sauf les dettes alimentaires**.

Les créanciers ne peuvent plus alors entreprendre d'action en recouvrement.

Enfin, le juge peut ordonner des mesures de suivi social.

Conclusion

Compter, au sens d'établir votre budget et votre bilan patrimonial, est le premier pas indispensable pour commencer à constituer votre patrimoine. La deuxième étape consiste à **économiser**, car un patrimoine ne peut se concevoir sans épargne.

Chapitre 2

Économiser

L'essentiel

1. Constituez votre épargne progressivement et sans efforts.
2. Comprenez les mécanismes du taux d'intérêt.
3. Augmentez au cours du temps le niveau de votre épargne.
4. Choisissez le cercle vertueux de l'accumulation progressive et automatique.
5. Laissez votre argent faire des petits... ou le miracle des intérêts composés.
6. La perte du pouvoir d'achat à cause de la hausse des prix.

Constituez votre épargne progressivement et sans efforts

Après chaque gain et avant toute dépense, veillez impérativement à économiser de façon systématique.

Plus vous économiserez et plus vous économiserez tôt, plus votre argent aura le temps de fructifier. En effet, économiser permet d'accumuler progressivement un capital de façon simple puisqu'il est possible de faire travailler votre argent à votre place.

La bonne formule

Pour économiser, vous devez appliquer la formule suivante :

Revenus = Économies – Dépenses

Cela suppose que vous choisissiez **d'abord d'économiser**, avant toute dépense. Autrement dit, « vous vous payez vous-même » en économisant.

Dans ce cas vous êtes certain d'économiser.

Au contraire, si vous appliquez la formule Revenus – Dépenses = Économies, vous êtes certain de dépenser... peut-être la totalité ou une grande partie de vos revenus. Vous choisissez alors de ne jamais devenir riche.

La formule Revenus – Dépenses = Économies privilégie les dépenses, donc rend nécessaire la course au gain (le fameux métro-boulot-dodo) et empêche de se constituer progressivement un patrimoine.

Pensez d'abord à vous

Penser d'abord à soi semble une recommandation bien égoïste. Mais sait-on que, volontairement ou non, consciemment ou non, les Français pensent en priorité aux autres ? Tel est en effet le cas, compte tenu de tout ce que chacun d'entre nous paie à la collectivité.

Quand vous gagnez 100 €, vous payez environ 45 € à l'État, à la Sécurité sociale, à la région, au département, à la commune, sous forme d'impôts, de taxes, de cotisations sociales, de contributions et de prélèvements divers.

Avec des prélèvements égaux à 45 % de vos revenus, vous commencez à travailler pour vous à partir du 15 juin ! **Avant cette date, vous avez travaillé pour les autres.**

Le 15 juin, il est enfin temps de penser à soi !

Puisque vous n'avez pas pu le faire avant le 15 juin, pensez maintenant à vous et à votre futur pour utiliser les 55 € restants.

Un seul mot d'ordre : ÉCONOMISER, plutôt que de dépenser, ou pire, de gaspiller.

Comprenez les mécanismes du taux d'intérêt

Les calculs d'intérêt

Un capital produit des **intérêts simples** si les intérêts sont calculés uniquement sur ce capital.

Il produit des **intérêts composés** si, à la fin de chaque période, les intérêts générés s'ajoutent au capital pour produire de nouveaux intérêts (on dit ainsi que les intérêts sont « capitalisés »). **Les intérêts composés sont donc les intérêts calculés sur les intérêts** (voir page 37).

Les intérêts simples concernent en général des opérations (placement ou crédit) d'une durée inférieure à 1 an, et les intérêts composés celles d'une durée supérieure à 1 an.

Les éléments dont dépend le taux d'intérêt

Le taux d'intérêt dépend à la fois :

- de la **marche de l'économie** : en période de croissance forte, les taux sont en général élevés, et inversement en période de faible croissance ;
- du niveau des **taux pratiqués à l'étranger** : des différences trop grandes ne peuvent se maintenir car elles pourraient avoir des impacts négatifs sur le cours des devises ;
- du rythme de la **hausse des prix** : en cas de forte hausse des prix, les taux d'intérêt tendent à monter, un trop grand écart ne pouvant se maintenir entre les deux car les épargnants ne peuvent accepter une perte de pouvoir d'achat trop importante ;
- de la **durée du placement** : en général plus la durée est longue, plus les taux sont élevés car les risques croissent avec la durée :

- de la **« qualité » de l'emprunteur** et donc du **niveau du risque couru par le prêteur** : pour collecter des capitaux, un emprunteur de faible qualité, c'est-à-dire présentant un risque de défaillance jugé relativement important, devra offrir une rémunération élevée afin de compenser en partie ce risque.

La qualité de l'emprunteur et le niveau du risque couru par le prêteur sont appréciés par le biais de la **notation financière** ou *rating*. Celle-ci est attribuée par des agences spécialisées qui se livrent à des analyses financières précises.

Augmentez au cours du temps le niveau de votre épargne

Travaillez de plus en plus pour vous et pour le futur

Commencez par économiser systématiquement 10 % de vos revenus et ajustez vos dépenses sur le solde. Cette opération est plus facile qu'on ne l'imagine. Recenser les dépenses inutiles et évaluer leur coût en heures de travail montre clairement les raisons d'économiser.

Augmentez ensuite progressivement la part économisée. Si vous décidez d'économiser systématiquement 15 % de ce que vous gagnez, cela signifie que vous travaillez pour vous et pour le futur seulement 1 heure par jour.

Retenez cette formule :

Économiser 15 % de vos revenus
=
Penser à vous 1 heure par jour

Trouvez-vous sincèrement que cela soit beaucoup ? Probablement pas !

Explorez les premières pistes en matière d'épargne

Sans anticiper ce qui sera expliqué ultérieurement en matière d'épargne et de placement, trois conseils peuvent être donnés dès maintenant : optez pour une épargne rémunérée, veillez à conserver une part d'épargne « liquide », placez votre épargne de façon rationnelle.

■ Optez pour une épargne rémunérée

D'évidence, il ne suffit pas d'épargner en alimentant votre compte dépôts si celui-ci n'est pas rémunéré ou l'est très faiblement.

Si **la rémunération des comptes dépôts est aujourd'hui possible**, nombreuses sont les banques qui ont choisi de continuer de ne pas verser d'intérêts et ont maintenu en contrepartie le principe de la gratuité des chéquiers, ces deux éléments étant liés depuis le début du débat au milieu des années 1960.

De plus, les banques qui ont opté pour la rémunération offrent des taux d'intérêt souvent très modestes. Par exemple, un encours mensuel de 1 000 € rémunéré à 0,5 % rapporte seulement 5 € par an !

Alimenter un compte dépôts non rémunéré, c'est laisser dormir son argent. C'est également à la fois se priver de la possibilité de toucher des intérêts... et laisser la banque s'enrichir avec vos propres économies.

■ Veillez à conserver une part d'épargne « liquide »

Cette épargne, **disponible à tout moment**, vous permet de **faire face à un imprévu** (ex. : remplacer la chaudière devenue hors d'usage) ou de **profiter d'une opportunité** (ex. : acheter des actions à des cours très avantageux).

■ Placez votre épargne de façon rationnelle

Différents critères doivent être pris en compte en matière de placement : le niveau du revenu perçu, le rendement après impôt, le potentiel de plus-value, le degré de liquidité, la durée du placement, l'ampleur du risque, la facilité de gestion (voir page 135).

Choisissez le cercle vertueux de l'accumulation progressive et automatique

Chiffrez les gaspillages sur une longue période

Des dépenses minimes mais répétitives peuvent se traduire par un gaspillage important.

Supposons que, chaque jour, avant de vous rendre à votre travail, vous preniez un café au bar près de votre bureau.

Cette petite habitude représente une dépense de :

- 270 € pour 1 an ;
- 544 € pour 2 ans ;
- 2 950 € pour 10 ans ;
- 6 540 € pour 20 ans ;
- 10 920 € pour 30 ans ;
- 16 270 € pour 40 ans, c'est-à-dire pour l'ensemble de votre vie active, en supposant une augmentation du prix du café de 2 % par an.

Ainsi, boire chaque jour, pendant les 40 années de votre vie active, un café au bar avant de rejoindre votre travail vous coûte au total 16 270 € !

Deuxième petit calcul qui va vous montrer l'importance du gaspillage auquel vous vous livrez chaque jour.

Combien vous aurait rapporté ce que vous dépensez chaque jour pour ce café, au cours des 40 années de votre vie active, si vous aviez placé cet argent sur un compte rémunéré à 4 % ? La réponse va vous paraître étonnante : un peu plus de 20 000 € !

L'importance de cette somme s'explique par ce qu'on appelle le « **miracle des intérêts composés** » (voir plus loin dans ce chapitre).

Années	Dépenses (€)	Années	Dépenses (€)	Années	Dépenses (€)
1re année	270	13e année	342	27e année	451
2e année	274	14e année	348	28e année	460
2 ans	544	15e année	355	29e année	469
3e année	280	16e année	362	30e année	478
4e année	286	17e année	370	30 ans	10 920
5e année	290	18e année	377	31e année	488
5 ans	1 400	19e année	385	32e année	498
6e année	297	20e année	392	33e année	507
7e année	303	20 ans	6 540	34e année	518
8e année	309	21e année	400	35e année	528
9e année	316	22e année	408	36e année	539
10e année	322	23e année	416	37e année	549
10 ans	2 950	24e année	425	38e année	560
11e année	328	25e année	433	39e année	571
12e année	335	26e année	442	40e année	583
				40 ans	**16 270**

Années	Dépenses café (€)	Durée placement (années)	Total (dont intérêts) (€)
1	270	40	1 293 (dont intérêts 1 023)
2	274	39	1 268 (dont intérêts 994)
3	280	38	1 244 (dont intérêts 964)
4	286	37	1 220 (dont intérêts 934)
5	290	36	1 196 (dont intérêts 906)
6	297	35	1 173 (dont intérêts 876)
7	303	34	1 151 (dont intérêts 848)
8	309	33	1 129 (dont intérêts 820)
9	316	32	1 107 (dont intérêts 791)
10	322	31	1 086 (dont intérêts 764)
11	328	30	1 065 (dont intérêts 737)
12	335	29	1 044 (dont intérêts 709)
13	342	28	1 024 (dont intérêts 682)
14	348	27	1 004 (dont intérêts 656)
15	355	26	985 (dont intérêts 630)
16	362	25	966 (dont intérêts 604)
17	370	24	948 (dont intérêts 578)
18	377	23	929 (dont intérêts 552)
19	385	22	911 (dont intérêts 526)
20	392	21	894 (dont intérêts 502)
21	400	20	877 (dont intérêts 477)

22	408	19	860 (dont intérêts 452)
23	416	18	843 (dont intérêts 427)
24	425	17	827 (dont intérêts 402)
25	433	16	811 (dont intérêts 378)
26	442	15	796 (dont intérêts 354)
27	451	14	780 (dont intérêts 329)
28	460	13	765 (dont intérêts 305)
29	469	12	751 (dont intérêts 282)
30	478	11	736 (dont intérêts 256)
31	488	10	722 (dont intérêts 234)
32	498	9	708 (dont intérêts 210)
33	507	8	695 (dont intérêts 188)
34	518	7	681 (dont intérêts 163)
35	528	6	668 (dont intérêts 140)
36	539	5	655 (dont intérêts 116)
37	549	4	643 (dont intérêts 94)
38	560	3	630 (dont intérêts 70)
39	571	2	618 (dont intérêts 47)
40	583	1	606 (dont intérêts 23)
Total	**16 270**	-	**36 300 (dont intérêts 20 030)**

Ainsi, au total... boire chaque jour, pendant les 40 années de votre vie active, un café au bar avant de rejoindre votre travail vous prive de la somme de... 36 300 € !

Soit : 16 270 € (prix des cafés) + 20 030 € (manque à gagner en intérêts).

Économisez de façon automatique

Économiser de façon automatique est le seul moyen d'**obliger à épargner** ceux qui ne seraient pas tentés de le faire, puisque les montants ainsi économisés ne dépendent ni de leur bon vouloir ni de leur humeur !

Pour économiser de façon systématique, vous pouvez opter :

- soit pour des **virements réguliers** de votre compte bancaire vers un compte d'épargne rémunérée ;
- soit pour ce qu'on nomme **l'investissement programmé**. Il s'agit d'un placement systématique réalisé chaque mois sur un compte spécifique. Citons par exemple le plan épargne logement (voir pages 138 et 161).

Témoignage

Les avantages de l'épargne automatique

« Avant de décider de faire virer chaque mois, de façon automatique, 250 € sur mon compte d'épargne, je n'arrivais pas vraiment à faire des économies. Cela malgré ma volonté de me constituer une réserve disponible « en cas de coup dur » (chômage, maladie…). Selon les mois, j'économisais 100 € ou 150 €, rarement plus… et le plus souvent, je n'économisais rien !

« Aujourd'hui, systématiquement, mon épargne augmente chaque mois de 250 €, quoi qu'il arrive. J'ajuste mes dépenses sur ce qui reste de mon salaire après ce virement automatique et je peux ainsi économiser à coup sûr et facilement. »

Claudine Vercourt, Brétigny-sur-Orge

Laissez votre argent faire des petits... ou le miracle des intérêts composés

Le mécanisme des intérêts composés. Le principe de la capitalisation

Nous venons de voir qu'on parle d'intérêts composés **quand les intérêts d'un placement** ne sont pas perçus immédiatement par l'épargnant mais **sont ajoutés au capital placé, et donc rapportent eux aussi des intérêts**.

■ Explication chiffrée

Soit une somme de 1 000 € disponible début 2007.

Cette somme de 1 000 € placée à 5 % pendant l'année 2007 rapportera des intérêts égaux à : 1 000 × 5 % = 50 €.

Début 2008, la somme placée sera donc de : 1 000 + 50 = 1 050 € (soit la somme disponible début 2007 + les intérêts dus en 2007).

En 2008, cette somme rapportera des intérêts égaux à :
1 050 × 5 % = 52,50 €.

Début 2009, la somme placée sera donc de :
1 050 + 52,50 = 1 102,50 € (soit la somme disponible début 2008 + les intérêts dus en 2008).

En 2009, cette somme rapportera des intérêts égaux à :
1 102,50 × 5 % = 55,13 €.

Début 2010, la somme placée sera donc de : 1 102,50 + 55,13 = 1 157,63 € (soit la somme disponible début 2009 + les intérêts dus en 2009).

En 2010, cette somme rapportera des intérêts égaux à :
1 157,63 × 5 % = 57,88 €.

Fin 2010, la somme disponible sera donc de : 1 157,63 + 57,88 = 1 215,51 €.

Ainsi, l'ensemble des intérêts perçus pendant 4 ans (du début 2007 à la fin 2010) s'élèvent à 215,51 €.

En l'absence d'intérêts composés, les intérêts perçus au bout des 4 ans auraient simplement été de : 1 000 × 5 % × 4 = 200 €.

Le mécanisme des intérêts composés (intérêts sur les intérêts) se traduit donc par un surcroît d'intérêts de 15,51 €.

Qu'en est-il pour une durée plus longue ?

1 000 € placés à 5 % pendant 20 ans deviennent 2 653 €.

Ce qui représente au total 1 653 € d'intérêts.

Contre seulement 1 000 € en l'absence d'intérêts composés.

ZOOM TECHNIQUE

Le capital acquis à la fin d'un placement ou le principe de la capitalisation

Le capital acquis se calcule par le biais de la formule suivante :

$$Ca = Ci\ (1 + i)^n$$

Où :

Ca : capital acquis

Ci : capital initial

i = taux d'intérêt annuel

n = durée du placement (en années)

Le principe de l'actualisation

L'actualisation consiste à déterminer la **valeur actuelle** (c'est-à-dire la valeur à la date d'aujourd'hui) de **flux de capitaux** (entrées ou sorties de fonds) **survenant à des dates différentes**.

L'actualisation est donc l'inverse de la capitalisation, qui consiste à convertir une valeur actuelle en valeur de demain, c'est-à-dire à prendre en compte les intérêts accumulés au cours du temps.

ZOOM TECHNIQUE

La valeur actuelle d'une somme disponible dans le futur ou le principe de l'actualisation

La valeur actuelle se calcule par le biais de la formule suivante :

$$Va = \frac{Vf}{(1 + i)^n}$$

Où :

Va : valeur actuelle

Vf : valeur future

i = taux d'intérêt annuel

n = durée du placement (en années)

Le taux d'intérêt utilisé pour calculer l'équivalent de la valeur d'aujourd'hui d'une somme reçue ou payée dans le futur est appelé **taux d'actualisation**. Le taux choisi pour le calcul est souvent le taux d'intérêt en vigueur sur le marché.

L'importance de la date de perception (ou de paiement) des intérêts

Pourquoi les deux opérations suivantes ne sont-elles pas égales ? Et quelle est l'opération la plus avantageuse ?

- placer 100 € et retirer 102 € au bout de 6 mois ;
- placer 100 € et retirer 104 € au bout d'un an.

Apparemment les deux opérations sont équivalentes : pour un versement identique, l'intérêt est le même compte tenu du temps du placement. En effet, je perçois 4 € d'intérêts au bout de 1 an, soit 2 fois plus qu'au bout de 6 mois.

Pourtant la première opération est plus intéressante. En effet, les 2 € d'intérêts perçus au bout de 6 mois peuvent être eux aussi placés et donc rapporter des intérêts.

Ajoutés au capital initial de 100 € et placés eux aussi à 4 % pendant 6 mois, ils rapporteront 2,04 €.

Ce mécanisme montre **l'importance de la date de perception des intérêts : plus celle-ci est précoce, plus l'opération est avantageuse pour le prêteur puisqu'il pourra prêter plus tôt les intérêts qui lui sont dus.**

La perte du pouvoir d'achat à cause de la hausse des prix

L'inflation, c'est-à-dire la hausse des prix, est généralement source de perte de pouvoir d'achat de l'épargnant.

Vous placez pendant 10 ans votre épargne rémunérée à 4 %. Elle vous rapporte chaque année 100 €. Quel est l'impact d'une hausse des prix annuelle de 6 % ?

Avec vos 400 € vous pouvez acheter la première année 25 kilos de viande de bœuf à 16 € le kilo.

Question : combien pourrez-vous en acheter dans 10 ans, sachant que chaque année les prix augmentent de 6 % ?

Réponse : les prix seront de 17 € la deuxième année, de 18 € la troisième année, etc., et de 27 € la dixième année.

Dans 10 ans, vos 400 € vous permettront d'acheter à peine 15 kilos de viande de bœuf… au lieu de 25 kilos aujourd'hui.

Conclusion : **l'inflation réduit le pouvoir d'achat de l'épargnant, et spécialement quand le taux d'inflation est élevé.**

Ce phénomène explique la perte de pouvoir d'achat de tous les petits épargnants qui avaient placé leurs économies dans des obligations d'État (anciennes « rentes ») ou des bons du Trésor faiblement rémunérés, alors que les prix s'envolaient.

Conclusion

Constituer votre patrimoine suppose l'accumulation progressive et automatique d'une épargne suffisante. Sauf à hériter ou à gagner au casino… votre richesse passe par l'épargne. Nous allons voir qu'elle passe aussi par une gestion rationnelle de vos achats, politique indispensable mais difficile dans notre société de consommation souvent synonyme de tentations et de gaspillages.

Chapitre 3

Bien acheter

L'essentiel

1. Limitez vos dépenses et réfléchissez toujours avant d'acheter.
2. Acheter quoi ? Distinguez les dépenses incompressibles et les autres.
3. Acheter combien ? Comparez les prix, les prestations et osez marchander.
4. Acheter quand ? Les soldes... et leurs limites.
5. Acheter où ? Les bons plans... et leurs limites.
6. Acheter comment ? Au comptant... et exceptionnellement à crédit.
7. Attention : votre argent les intéresse...
8. Dernières précautions en matière de dépenses.

Limitez vos dépenses et réfléchissez toujours avant d'acheter

Une décision souvent difficile mais indispensable

Il est possible de développer votre patrimoine, donc de vous donner les moyens de devenir riche, non seulement en gagnant plus, mais aussi en dépensant moins. En effet, à quoi servirait de gagner plus si l'ensemble de vos revenus était gaspillé et donc ne pouvait pas donner lieu à accumulation ?

Limiter vos dépenses n'est pas aisé dans notre société de consommation où **les sollicitations** sont nombreuses et **les facilités d'achat** — essentiellement par le biais du crédit — alléchantes. Les occasions de dépenser sont autant de sources de frustration pour ceux qui n'ont pas les moyens d'acheter. Elles peuvent l'être aussi pour ceux qui ont décidé d'économiser.

Il est nécessaire de toujours bien réfléchir avant d'acheter. Par exemple, avez-vous vraiment besoin d'un nouveau canapé ? L'ancien ne peut-il pas faire l'affaire encore un an ou deux ? Avez-vous vraiment besoin de cette télévision dernier modèle... donc très chère ?

Évitez d'être prisonnier de vos dépenses... afin de ne pas être esclave de vos besoins

Aujourd'hui, on s'acharne à gagner toujours plus pour acheter ce qu'on pense être indispensable. Nous sommes très gourmands par rapport à nos prédécesseurs, qui savaient se contenter de peu.

Nos « besoins » en sont-ils réellement ? Les entreprises n'ont-elles pas une responsabilité en la matière ? En un mot, les entreprises ne nous créent-elles pas des besoins ?

Non ! répondent-elles en expliquant que si un produit ne correspond pas aux attentes des consommateurs, il ne se vendra pas. Les échecs commerciaux sont nombreux et montrent que le marketing et la publicité ne peuvent pas amener les consommateurs à acheter contre leur gré.

Les entreprises expliquent donc qu'elles ne peuvent pas créer de besoins mais qu'elles se contentent de **répondre aux besoins** des consommateurs, certains de ces besoins n'étant pas encore exprimés clairement mais ressentis de façon vague, voire de façon inconsciente. Ces besoins sont qualifiés par les spécialistes de « besoins latents » ; selon les entreprises, il s'agirait de besoins bien réels et non créés de toutes pièces par des hommes de marketing et d'habiles vendeurs.

Mais interrogeons-nous par exemple sur le Walkman (« baladeur »). Est-ce le « besoin » d'écouter de la musique en marchant qui explique le succès mondial de cet appareil ? N'est-ce pas plutôt sa mise en vente sur le marché et l'ensemble des actions de communication, publicité, promotion qui **ont fait naître l'envie** d'en posséder un ? Nous sommes tentés d'opter pour la seconde réponse.

Les entreprises connaissent précisément nos comportements

Les entreprises non seulement stimulent nos besoins déjà existants et en révèlent certains, mais font aussi naître de nouveaux besoins, notamment par la publicité et par une connaissance de plus en plus précise de **nos motivations d'achat, même inconscientes**. Les études de marché ainsi que l'analyse de nos comportements sont des mines de renseignements pour les entreprises toujours soucieuses de mieux nous connaître pour nous pousser à acheter.

L'informatique permet aujourd'hui de collecter et de traiter des quantités gigantesques d'informations sur les habitudes d'achat. Les **nouvelles techniques de gestion de la relation clients** (le fameux CRM, *Customer Relationship Management*) permettent la connaissance très précise des comportements des consommateurs.

En fonction des statistiques sur les comportements individuels, l'entreprise adresse des propositions ciblées aux consommateurs dont la probabilité d'achat est considérée comme la plus forte. Ces techniques sont très efficaces puisqu'elles sont fondées sur une meilleure **« traçabilité » des acheteurs**, suivis « à la trace » par les entreprises.

Dépenses, dépendance et endettement

La société de consommation pousse à consommer, donc à travailler afin d'obtenir un revenu suffisant pour satisfaire des besoins de plus en plus nombreux. La spirale infernale est alors engagée.

Éviter le risque de la double dépendance

Besoins (ou supposés tels) → Dépenses → Double dépendance :

- vis-à-vis de nos besoins : voyons par exemple combien il est difficile de réduire nos dépenses de loisirs et de façon

générale nos « petits plaisirs », encouragés par la mode et le souci de confort au quotidien ;
- vis-à-vis de nos revenus… source d'un pouvoir d'achat indispensable à la consommation.

Dans cette situation de dépendance, on peut « **perdre sa vie à la gagner** », c'est-à-dire à chercher à **gagner toujours plus**, donc à **travailler toujours plus**, pour **consommer toujours plus**.

De façon évidente, la société de consommation pousse à consommer. De façon tout aussi évidente, la société d'endettement pousse à s'endetter !

Le crédit, « merveilleuse » invention, permet en effet de dépenser l'argent que l'on n'a pas. Grâce à des mensualités présentées comme « modiques », le crédit permet d'acheter le *home cinema* convoité depuis longtemps ou de s'offrir le voyage aux Antilles tant rêvé.

Il permet donc non seulement d'améliorer le quotidien mais aussi de s'offrir des « petits coups de folie ».

Très tentant, le crédit doit impérativement être maîtrisé, faute de quoi le consommateur sera rapidement entraîné vers le surendettement, voire la faillite civile (voir chapitre 1).

Il est important d'être vigilant en matière de crédit et de **se méfier des « pousse-au-crime de l'endettement »** (banques, intermédiaires financiers, grands magasins, etc.).

Savoir acheter : les cinq questions de base

En matière d'achat, on doit se poser cinq questions :

- Acheter quoi ? Cette question amène à distinguer l'indispensable, l'utile et le superflu.
- Acheter combien ? Cette question amène à comparer les prix, les prestations, et à savoir marchander.
- Acheter quand ? Cette question incite notamment à la vigilance vis-à-vis des soldes.
- Acheter où ? Cette question permet d'identifier les « bons plans »… et leurs limites.
- Acheter comment ? La réponse est claire : au comptant… et exceptionnellement à crédit.

Nous allons maintenant développer les réponses à ces cinq questions.

Acheter quoi ? Distinguez les dépenses incompressibles et les autres

Les dépenses incompressibles sont celles qu'on ne peut absolument pas réduire.

Quelles sont-elles ? Citons par exemple : les impôts (même s'il faut chercher, bien évidemment de façon légale, à réduire les montants dus au fisc), le remboursement des emprunts, les dépenses de santé.

Les dépenses de nourriture semblent être elles aussi des dépenses incompressibles, puisque l'alimentation est vitale. Mais réfléchissons bien : n'est-il pas possible de les réduire sans trop de difficultés (choix des viandes – le porc est moins cher que le filet de bœuf ; choix des poissons – préférer le cabillaud à la sole ; choix des fruits et légumes de saison – les fraises et les melons sont plus chers en hiver qu'au printemps et en été ; etc.). Il est relativement facile de réduire son budget « alimentation » en se nourrissant de façon équilibrée... et sans mourir de faim !

Il suffit de le décider.

Ces exemples peuvent sembler caricaturaux ; ils sont destinés à montrer qu'on a tendance à considérer comme « incompressibles » des dépenses qui permettent un certain confort de vie et qui, petit à petit, sont devenues sinon habituelles, du moins fréquentes. Or, il s'agit souvent de dépenses dont on pourrait très bien se passer ou qu'on pourrait réduire sans trop de peine.

Il en est de même de nombre d'achats de vêtements, qui constituent surtout des **occasions de « se faire plaisir »** mais ne répondent pas à de véritables besoins.

Pour toutes les dépenses qu'on pense ne pas pouvoir réduire, il est indispensable de se poser deux questions :

- Sont-elles **réellement incompressibles** ?
- Faute de pouvoir les supprimer totalement, ne peut-on pas **les diminuer** ?

Il apparaîtra alors très vite que **les dépenses réellement incompressibles sont très peu nombreuses.**

Pour les autres dépenses, une marge de réduction, peut-être très importante, est possible.

Il faut recenser de façon systématique les diverses sources d'économies possibles et en permanence **chasser les sources de gaspillage**, c'est-à-dire distinguer l'indispensable, l'utile et le superflu.

Distinguer l'indispensable, l'utile et le superflu

L'indispensable correspond à ce dont on ne peut se passer, à ce qui est rigoureusement nécessaire... ou qui nous semble l'être.

L'utile est ce qui sert, qui rend service, dont l'usage peut être avantageux. Mais est-ce réellement le cas de tout ce qu'on possède et qu'on envisage d'acheter ? Poser la question est y répondre.

Le superflu est ce qui n'est en rien nécessaire, ce qui est surabondant, ce qui est de trop, voire inutile. Pour avoir une idée de ces dépenses superflues, ouvrons nos armoires, explorons nos greniers et nos caves... et calculons le montant de tous ces biens que nous n'avons jamais utilisés ou dont nous nous sommes servis seulement une ou deux fois !

Dégager des sources d'économies est moins difficile qu'on ne l'imagine.

Le tableau suivant recense quelques solutions possibles.

Dépenses		Sources d'économies
Alimentation	1	À qualité nutritionnelle équivalente, choisissez les aliments les moins chers
	2	Achetez les fruits et légumes « de saison » (en pleine période de production en France)
	3	Achetez seulement le « nécessaire » pour éviter de gaspiller et de surconsommer
	4	Fuyez les marques d'« épicerie fine » et les marques de renom

Habillement	1	Fuyez les « marques » et méfiez-vous des modes, par définition appelées à « se démoder »
	2	Achetez « classique », c'est-à-dire des vêtements susceptibles d'être portés longtemps
	3	Limitez votre garde-robe à l'indispensable et évitez les « petites folies » (souvent coûteuses)
	4	N'hésitez pas à faire retoucher des vêtements s'ils peuvent encore être portés
Habitation	1	À l'exception des travaux soulevant des questions de sécurité et de responsabilité (électricité, gaz, eau), optez si possible pour le bricolage personnel
	2	Utilisez les matériaux au meilleur rapport qualité/prix
	3	Grâce à une vigilance quotidienne, économisez l'eau, le gaz, l'électricité
	4	Dénichez dans les brocantes et les vide-greniers le petit meuble convoité depuis longtemps
Équipements et voiture	1	Optez pour un entretien régulier
	2	Soyez attentif aux dysfonctionnements, signes avant-coureurs de problèmes peut-être graves
	3	Utilisez les équipements et la voiture de façon économique
	4	Vendez votre voiture « au meilleur moment »
Loisirs	1	Ayez conscience que les loisirs les plus coûteux ne sont pas toujours les plus réussis
	2	Étudiez de façon précise les prestations proposées par les professionnels du tourisme
	3	Comparez le coût de ces prestations et les promotions de dernière minute
	4	Souvenez-vous que le loisir peut consister à ne rien faire !

Ainsi, en matière d'économies, un minimum de réflexion peut être « payant », à condition de vouloir réellement vous constituer un patrimoine et cesser de gaspiller votre argent.

De façon générale, un des moyens efficaces pour réduire vos dépenses, que vous alliez au supermarché ou chez le commerçant près de chez vous, est de commencer par faire **une liste de courses** avant de partir faire vos achats. Cela vous permettra de ne rien oublier et vous évitera de devoir y revenir ou d'acheter le même produit ailleurs et plus cher. Ensuite, veillez à **vous limiter impérativement à votre liste d'achats**. Veiller à n'acheter que ce qu'on a prévu permet, à coup sûr, d'éviter **la tentation de la « bonne affaire »** et la multiplication des « **achats d'impulsion** », c'est-à-dire décidés dans le magasin lui-même.

En effet, les commerçants, et spécialement les grandes surfaces, utilisent des techniques efficaces pour stimuler les achats à l'insu du consommateur. Tel est le cas du ***merchandising***, qui vise à présenter dans les meilleures conditions possibles le produit à vendre : style et agencement du magasin, disposition des rayons afin de rendre le plus rentable possible l'itinéraire suivi par le client en multipliant les sollicitations d'achat, placement des produits dans les rayons et animation des « têtes de gondoles », disposition des « produits d'appel », etc.

N'ai-je pas encore trop acheté ? Le gaspillage quotidien

Pour faire des économies, il vous faut toujours **étudier le contenu de votre Caddie au retour du supermarché**... et, avant d'acheter, toujours vous poser la question : en ai-je vraiment besoin ?

Certes, divers produits sont en promotion et semblent donc être source d'économies, mais ne pas les acheter permet une économie plus grande encore !

Un des moyens de prendre conscience de votre gaspillage quotidien est de recenser le nombre d'heures qu'il vous faut travailler pour payer toutes les dépenses inutiles et dont vous pourriez vous passer sans grandes difficultés.

Se livrer à ces petits calculs est un excellent moyen de s'inciter à faire des économies.

À vos calculettes !

Prenons quelques exemples à partir d'un salaire horaire net de 10 € (correspondant à un salaire mensuel net d'environ 1 400 €).

Achats	Dépenses annuelles (en €)	Temps de travail nécessaire à ces achats	
		En heures	En semaines
Un café par jour	500 €	50 heures	1,5 semaine
Dix cigarettes par jour	900 €	90 heures	2,5 semaines
Un dîner au restaurant par semaine (2 personnes)	2 450 €	245 heures	7 semaines
Deux séances de cinéma par mois (2 personnes)	350 €	35 heures	1 semaine
Total	**4 200 €**	**420 heures**	**12 semaines**

Ainsi, cesser de boire un café par jour, réduire sa consommation quotidienne de cigarettes (mieux encore, arrêter de fumer), ne plus aller systématiquement au restaurant une fois par semaine et au cinéma deux fois par mois serait source d'économies représentant 12 semaines de travail, soit 3 mois, soit 1 trimestre, soit le quart de l'année !

Si vous pouviez moduler votre temps de travail sur l'année à votre guise, vous pourriez ne pas travailler pendant un trimestre... c'est-à-dire prendre 12 semaines de vacances supplémentaires !

Prenez maintenant **votre propre cas**. Il est probable que vous aboutirez à ce type de conclusion. La démarche est simple. Elle se compose de quatre étapes.

- **1re étape** : Divisez votre salaire net mensuel par 140 (140 représentant théoriquement le nombre d'heures travaillées pendant 1 mois — 35 heures × 4 semaines) pour obtenir votre salaire net horaire.

Salaire net mensuel = ... €.

Donc salaire net horaire = ... / 140 = ... €.

- **2e étape :** Recensez les dépenses que vous pouvez raisonnablement considérer comme superflues et celles dont vous pouvez vous passer sans grandes difficultés. Estimez le montant ainsi dépensé.
- **3e étape** : Divisez ce montant par votre salaire net horaire. Vous obtiendrez le nombre d'heures qu'il vous faudra travailler pour payer ces dépenses.

  Pour calculer ce nombre en semaines, divisez ce chiffre par 35.
- **4e étape** : Totalisez les colonnes « heures » et « semaines-jours ».

Achats	Dépenses annuelles (en €)	Temps de travail nécessaire à ces achats	
		En heures	En semaines (ou jours)

Question : ne trouvez-vous pas que financer toutes ces dépenses superflues ou très peu utiles vous demande beaucoup de travail ?

Si vous répondez NON, vous risquez de continuer de gaspiller votre argent.

Si vous répondez OUI, vous êtes sur la bonne voie : celle qui vous incite à décider d'économiser. Encore faut-il « passer à l'acte » et **mettre en place rapidement un plan de suppression de ces dépenses qui, étudiées séparément, semblent minimes, mais sont en fait très élevées.**

Les dépenses inutiles d'assurance

Veillez à ne pas souscrire une assurance que vous possédez déjà ! Or, **nombreux sont les exemples de double assurance.**

Le cas le plus fréquent est celui de **l'assurance de responsabilité civile familiale.** Elle est comprise dans votre contrat multirisque habitation, mais vous en bénéficiez probablement aussi par le biais d'autres contrats (ex. : assurance scolaire ou extrascolaire, assurance sportive, assurance voyage).

D'autres cas de double assurance peuvent être cités :

- dans le cadre de la **pratique d'un sport** : à la fois l'assurance de responsabilité civile du sportif souscrite par le club et l'assurance individuelle accidents souscrite par le sportif ;
- en matière de **voyage** : l'assistance rapatriement peut faire double emploi avec d'autres contrats ;
- enfin, les assurances proposées par les **cartes de crédit** peuvent elles aussi faire double emploi avec diverses assurances complémentaires (ex. : décès et/ou incapacité, incidents de voyage, assistance rapatriement, voiture de location...).

Les exemples de double — voire de triple — assurance sont nombreux également dans le domaine de la **prévoyance** (décès, handicap, arrêt de travail de longue durée). Ainsi, par exemple, souscrire un crédit immobilier suppose la souscription d'une assurance décès... rendant donc inutile une seconde assurance !

Les dépenses inutiles de forfaits bancaires

La quasi-totalité des banques propose des forfaits, également nommés « **conventions de services** », qui semblent avantageux puisque *a priori* moins chers que l'ensemble des services achetés séparément. Mais la vigilance s'impose quant à l'intérêt réel de certaines options : ces forfaits (« *packages* ») sont en effet **l'occasion pour les banques de vendre des services dont le client n'a nullement besoin.**

Exemple : combien de clients utilisent chaque année un chèque de banque ou sont amenés à faire une opposition au moins une fois par an ?

Ces forfaits ne sont en général avantageux que pour les clients qui gèrent activement leur compte et utilisent beaucoup de services ; ils sont au contraire très coûteux pour tous les autres clients, bien plus nombreux que les premiers.

De ce fait, face à une proposition de forfait bancaire, vous devez :

- analyser de façon précise les services dont vous avez réellement besoin ;
- totaliser le coût de ces services facturés séparément.

Si ce coût est inférieur au forfait proposé par la banque, ne choisissez pas le forfait.

Quel est le coût des offres groupées ?

Ces offres, qui consistent en **un ensemble de prestations proposées à un prix forfaitaire**, présentent-elles de réels avantages ? **Quel coût supportez-vous pour quelle utilité ?** N'achetez-vous pas des offres dont vous n'avez pas vraiment besoin ? N'est-il pas plus avantageux pour vous de n'acheter que les offres réellement utiles ? Ne pouvez-vous pas trouver meilleur marché ailleurs ?

Acheter une nouvelle voiture ? Pourquoi et quand ?

Pourquoi acheter une nouvelle voiture ?

Une voiture n'est pas un investissement, mais une source de dépenses non négligeables. Certains frais (essence, assurance, entretien...) sont d'autant plus importants que le prix de la voiture est élevé. Ainsi, vérifiez d'abord que vous avez **véritablement l'usage de votre voiture** (ou de vos voitures !) et demandez-vous si vous ne pourriez pas vous en passer.

Ensuite, avant d'acheter votre voiture, évaluez **si la différence entre deux modèles vaut la différence de prix**. En particulier, rien ne sert d'acheter un modèle équipé d'un moteur puissant : souvent la motorisation de base suffit (... et elle évite la tentation de franchir les limites de vitesse !). Ce sont autant d'économies que vous réaliserez. Veillez ainsi à ne pas vous tromper au moment d'acheter.

■ Quand acheter une nouvelle voiture... c'est-à-dire quand vendre votre voiture actuelle ?

La réponse est complexe, malgré sa simplicité apparente :

- **Ne vendez pas trop tôt** : une voiture perd l'essentiel de sa valeur dès les premières années (environ 20 % à peine sortie de chez le concessionnaire, 40 % en deux ans et 50 % en 3 ans).
- **Ne vendez pas trop tard** : bien évidemment, plus le kilométrage est élevé et plus l'entretien et les réparations sont coûteux. Sachez qu'au bout de 10 ans votre voiture n'a plus que sa valeur d'usage, négociable en fonction de son état et de son kilométrage.

Enfin, **évitez la « barre psychologique » des 100 000 kilomètres**, au-delà de laquelle la voiture peut être très difficile à vendre.

La meilleure solution semble être de vendre sa voiture au bout de 4-5 ans, c'est-à-dire avec 60-75 000 kilomètres.

Dernier conseil : **achetez votre voiture en fin d'année.** La période est en effet propice aux remises, le concessionnaire devant atteindre ses objectifs de vente pour toucher une prime substantielle.

Acheter combien ? Comparez les prix, les prestations et osez marchander

Comparez toujours les prix et les prestations

L'analyse du **rapport qualité/prix** est essentielle.

Les questions qu'on doit se poser systématiquement avant tout achat sont au nombre de trois :

- **Que m'apporte le produit** ou le service que j'envisage d'acheter ?
- **En ai-je pour mon argent ?** Ou, autrement exprimé : le prix n'est-il pas trop élevé par rapport à ce que va m'apporter ce produit ou ce service ?
- Ne pourrais-je pas trouver **aussi bien et moins cher ailleurs ?**

Le coût de certains prix faibles : les fausses bonnes affaires

Est-il toujours intéressant d'acheter « bon marché » ? Il faut dans tous les cas se préoccuper des caractéristiques et des performances du produit, des prestations offertes, de l'étendue de la garantie, de la nature du service après-vente...

Inversement, un produit vendu à un prix relativement élevé peut être en fait « meilleur marché » qu'un produit vendu moins cher et de mauvaise qualité. Comme le disent des consommateurs qui achètent des produits à prix élevés : « Je n'ai pas les moyens d'acheter bon marché ». Ce qui signifie que certains des produits bon marché sont de mauvaise qualité, doivent de ce fait être renouvelés souvent, et reviennent donc très cher au final.

Étudier à la fois le prix et la qualité

Le niveau du prix n'est pas toujours un indicateur de qualité. Contrairement à ce que pensent beaucoup de consommateurs, un prix bas n'est pas toujours synonyme de mauvaise qualité...

... Et inversement un prix élevé n'est pas toujours synonyme de bonne qualité, mais peut être lié à la marque, au snobisme de beaucoup de clients qui sont prêts à payer cher un produit considéré comme « de luxe ».

Seule une analyse sérieuse des performances et des prestations doit guider le consommateur dans son achat.

Osez marchander auprès des commerçants

Le marchandage est plus répandu et plus efficace qu'on ne l'imagine. L'époque est aux ristournes et aux promotions destinées à stimuler les ventes. Le client est d'autant plus incité à marchander que ces ristournes et ces promotions montrent bien que le prix n'a plus beaucoup de sens : comme on le notera plus loin au sujet des soldes, **que vaut réellement un produit qui demain sera vendu à moitié prix ?**

Demandez au commerçant quel « geste » il est prêt à vous consentir. Peut-être vous proposera-t-il 5 % ou 10 % de réduction. Essayez d'obtenir plus en mettant en avant par exemple votre fidélité et le niveau des achats déjà faits. Si tel n'est pas le cas et si le produit convoité est un produit courant, faites clairement comprendre que vous êtes prêt à acheter ailleurs.

Pourquoi ne pas essayer de marchander ? **Vous n'avez rien à perdre et tout à gagner.** Votre seul risque est d'essuyer un refus poli du commerçant et, dans le pire des cas – mais est-ce vraiment préoccupant ? –, un petit sourire condescendant de la vendeuse (qui n'a d'ailleurs peut-être pas elle-même les moyens de s'offrir ce que vous avez l'intention d'acheter...).

De plus, **le marchandage est souvent pratiqué par les plus fortunés.** Il n'est pas réservé à « ceux qui n'ont pas les moyens ». **Évitez tout complexe ridicule** et sachez que les plus riches sont très souvent les plus vigilants en matière de dépenses... et que c'est en partie (en partie seulement...) pour cette raison qu'ils sont plus riches que les autres !

Osez également marchander auprès de votre banquier

Il est vrai que les clients modestes sont en position moins favorable que les clients fortunés pour bénéficier d'avantages spécifiques. Mais cela ne doit pas vous interdire de marchander.

En matière de **crédit**, il faut savoir que votre banquier ne vous proposera jamais de lui-même le taux le moins cher qu'il puisse accorder. Il tend en effet à réserver ce taux aux clients qu'il souhaite conquérir, et à ceux qu'il juge être ses meilleurs clients.

Quand vous cherchez un prêt, contactez en priorité votre banque mais demandez aussi à trois ou quatre concurrents quelles sont leurs conditions. N'hésitez pas à **« faire le tour des banques »** et à apporter à votre banquier la preuve que d'autres sont plus compétitifs.

Pour comparer les offres, il faut prendre en compte l'ensemble du coût du crédit (taux, frais de dossier, assurances), car certaines banques proposent des taux peu élevés, mais gonflent de façon très importante les frais annexes. D'où la nécessité de se référer au **TEG**, ou **taux effectif global** (voir page 84).

Sachez également que vous pouvez négocier non seulement le taux des crédits, mais aussi les **commissions** (payées pour des opérations spécifiques : ordre de Bourse, transfert de fonds à l'étranger...) et les **agios** (prélevés en cas de comptes débiteurs).

Soyez vigilant vis-à-vis des tarifications et des services bancaires

Vous devez connaître précisément les **conditions bancaires**. Celles-ci sont énoncées dans la **convention de compte** qui doit être remise à tout client. Sachez que cette convention énonçant vos droits et vos obligations doit être établie à l'occasion de l'ouverture d'un compte bancaire. Ce document doit notamment préciser les produits et services auxquels vous avez accès, les tarifs et les dates de valeur (voir page 79), les procédures en cas d'incident de fonctionnement du compte, les conditions de clôture ou de transfert.

Soyez vigilant quant aux **services bancaires** souvent gratuits hier et payants aujourd'hui. En effet, au cours de ces dernières années, **les banques ont multiplié les services payants** et facturé des prestations à des prix parfois totalement déconnectés des coûts réellement supportés.

Posez-vous toujours la question : quel est **le prix réel de certaines prestations** ? Ne serait-il pas plus économique de souscrire chez votre assureur l'assurance obligatoire décès-invalidité ou l'assurance multirisque habitation qui sont proposées par votre banquier dans le cadre d'un crédit immobilier ? La question mérite d'être étudiée.

Notez enfin qu'il est souvent **difficile de comparer réellement les banques entre elles** et donc de marchander de façon efficace. En effet, une banque peut être compétitive pour certains services et beaucoup moins, voire pas du tout, pour d'autres. De plus, les prestations ne sont pas toujours comparables ; tel est par exemple le cas des *packages*, qui proposent des options différentes.

Et en francs ?

Si, pour les produits de consommation courante achetés fréquemment, on tend progressivement à raisonner en euros, tel n'est pas encore le cas pour les dépenses moins fréquentes et d'un montant élevé.

Il n'est donc pas inutile de rappeler comment, de façon rapide, on peut **passer de l'euro au franc** :

- **divisez le montant par 3** ;
- **multipliez par 2** ;
- **multipliez par 10**.

Ces trois opérations donnent **approximativement** le montant en francs.

Exemple : un produit est vendu 2 100 €.

Quel serait son prix en francs ?

2 100 : 3 = 700

700 × 2 = 1 400

1 400 × 10 = 14 000 francs... en fait 13 775 francs.

Un autre moyen, encore plus rapide, mais, il est vrai, encore plus approximatif, de convertir en francs des prix exprimés en euros est tout simplement de **multiplier par 6 le prix en euros**, sachant que le prix réellement payé sera un peu plus élevé puisque le taux de conversion des euros en francs est d'environ 6,56.

Le passage du franc à l'euro a contribué à faire perdre tout repère en matière de prix. D'où l'importance d'être attentif quant aux évolutions des prix et à la valse des étiquettes.

Acheter quand ? Les soldes... et leurs limites

La réglementation des soldes

Comment distinguer les promotions, les ventes privées... et les soldes ?

Les soldes ont pour but d'**écouler un stock de marchandises** (collection restée invendue) **pour lesquelles aucun réapprovisionnement n'est**

envisagé. Ils visent la vente accélérée de biens proposés à la vente depuis au moins un mois.

Les ventes en solde ne peuvent être réalisées qu'au cours de deux périodes par année civile (**soldes d'hiver et soldes d'été**), d'une durée maximale de six semaines.

L'étiquette du produit soldé doit comporter l'**ancien prix barré** et le **nouveau prix**.

La période des soldes est le seul moment où un commerçant peut liquider ses collections et vendre à perte.

Contrairement à une pratique illégale, **les marchandises soldées peuvent être reprises ou échangées** en cas de défaut ou de malfaçon cachés par le vendeur.

Pour leur part, les **promotions** sont des opérations ponctuelles autorisées pratiquement toute l'année sur quelques articles d'un magasin. La vente à perte est interdite pendant les promotions.

Enfin, les **ventes privées**, qui peuvent vous permettre de vous offrir des articles de luxe à petits prix, sont réservées aux clients de la marque munis d'invitations. Ce type de vente n'est soumis à aucune réglementation particulière.

Les fausses bonnes affaires

D'évidence, **acheter en solde PEUT être économiquement intéressant**, l'achat se faisant avec des réductions importantes (– 30 %, – 50 %, voire – 70 %). Mais les soldes peuvent être de « fausses bonnes affaires » dont il faut absolument se méfier.

Acheter moins cher est bien, mais ne pas acheter des biens dont on n'a pas réellement besoin permet une économie plus grande encore !

Au-delà, posons-nous la question : **que représente aujourd'hui le prix d'un produit qui sera soldé demain ?** Face à des remises très élevées pratiquées au moment des soldes, ne peut-on pas se demander si l'on ne paie pas trop cher le reste de l'année ?

Quel est le juste prix si un article vendu hier 100 € est vendu aujourd'hui 50 €, voire 40 € ou 30 € ? Faisons-nous réellement une bonne affaire aujourd'hui ? **N'avons-nous pas été bernés hier** en achetant 100 € un produit dont la valeur réelle est bien inférieure ? Car, sans parvenir à des ristournes aussi élevées que 50 % ou 70 %, il serait évidemment possible de payer beaucoup moins cher ce qu'on achète habituellement au prix fort tout au long de l'année.

Ces questions sont rarement posées, compte tenu de l'engouement que provoquent les actions commerciales visant à casser les prix. Cet engouement représente souvent une véritable hystérie.

Peu nombreux sont les acheteurs qui **repèrent au préalable** l'article à acheter et attendent qu'il soit soldé ; la plupart courent les boutiques et les rayons des magasins sans chercher quelque chose de très précis. Les périodes de soldes sont devenues une sorte de rituel, inscrit dans le calendrier de beaucoup de clients.

L'**irrationalité** des comportements est souvent le fait des ménages les plus modestes. Inversement, ceux qui possèdent le plus d'argent sont souvent ceux qui dépensent de façon rationnelle et évitent systématiquement les « **achats coups de cœur** ».

Méfiez-vous du chiffre 9 !

Ce chiffre induit en effet une **sous-estimation du prix réel**. Ainsi, un article à 19 € semble sensiblement moins cher qu'un article à 20 €. De même, une promotion qui fait passer le prix d'un article de 23 € à 20,99 € donne l'impression d'une remise beaucoup plus forte que s'il était passé de 23 € à 21 €.

Acheter où ? Les bons plans… et leurs limites

Les politiques de prix des grandes surfaces

Les prix sont bien sûr différents selon les types de commerces (petits commerçants, succursalistes, super et hypermarchés, magasins spécialisés, *discounters* ; etc.).

Mais **les politiques de prix peuvent être diverses au sein d'une même enseigne**. Par exemple, une grande surface réputée pour sa politique de prix relativement bas vendra certains produits sensiblement plus cher que ses concurrents. La plus grande vigilance s'impose donc.

Les enseignes à prix réduit

Les **dépôts d'usine** ainsi que les **magasins *hard discount*** vendent des articles à des prix bien inférieurs à ceux du commerce traditionnel, super et hypermarchés compris. Les magasins *hard discount* proposent une offre limitée (près de cinq fois moins de références que dans une grande surface), avec des coûts de fonctionnement minimaux, permettant de vendre au prix le plus bas possible.

Les écarts de prix peuvent ainsi être importants (de – 30 % à – 50 %) pour des articles identiques, dont certains de grandes marques renommées. Ces circuits sont plus intéressants encore en période de soldes puisqu'ils proposent des réductions plus fortes. Par ailleurs, ces magasins peuvent vendre certains articles dits « de second choix » (c'est-à-dire présentant des défauts mineurs), qui permettent de réaliser des économies substantielles.

Des **enseignes spécialisées** pratiquant des prix bas investissent notamment les secteurs de l'habillement, du bricolage, du jardinage, du petit ameublement, des jouets, de l'électroménager, de l'équipement informatique, des loisirs, du transport aérien (compagnies aériennes *low cost*).

Les enseignes spécialisées et les magasins *hard discount* font une concurrence féroce aux hypermarchés, qui, à leur tour, mais avec retard, développent une offre agressive en matière de prix, avec des gammes « premiers prix » de plus en plus étoffées.

Enfin, les **marques d'enseigne** se développent rapidement, un faible nombre de consommateurs étant convaincus de la supériorité des grandes marques.

Le succès des enseignes à bas prix s'explique moins par le souci d'économie que par la volonté de moins dépenser pour certains achats courants afin de consommer davantage pour les loisirs, la culture, les produits technologiques (téléphones portables, ordinateurs, connexion à Internet, téléviseurs à écran plat...). **La « *discount attitude* » n'est pas en soi un moyen de s'enrichir en consommant moins, mais un moyen de consommer autrement et plus.**

Où sont les vrais cadeaux ?

Les grandes surfaces multiplient les tickets de réduction et intensifient le *couponing*, qui consiste à proposer une réduction de prix sous la forme d'un à-valoir sur vos prochains achats. Ainsi pouvez-vous être tenté d'acheter des produits dont vous n'avez pas réellement besoin.

De plus, qui finance ces réductions ? Sont-elles un cadeau réel ou ne sont-elles pas payées par le consommateur lui-même qui achète un produit dont le prix a été au préalable augmenté par le producteur ? Il faut en effet savoir que l'avantage pour le producteur de voir son produit figurer parmi ceux dont on stimule l'achat a un prix, facturé par le distributeur. Vous risquez ainsi de payer la réduction dont vous pensez bénéficier !

Acheter sur Internet. Est-ce intéressant ? Est-ce dangereux ?

Les achats sur Internet sont de plus en plus fréquents, au-delà des DVD, CD, livres, produits informatiques, places de spectacles et voyages.

■ Acheter sur Internet est-il intéressant ?

Internet permet de **comparer les offres** et ainsi d'**acheter moins cher**... sur Internet ou en magasin. En effet, si beaucoup de consommateurs se renseignent d'abord sur Internet avant d'acheter dans les circuits traditionnels, d'autres s'informent d'abord dans les boutiques « en dur » avant de commander sur les sites marchands.

Internet permet également de comparer les offres grâce à des sites spécialisés (**comparateurs de prix**). Néanmoins la vigilance s'impose dans ce domaine, certains sites comparateurs pouvant ne pas être objectifs puisque étant rémunérés par les cybermarchands qu'ils référencent !

Acheter des **produits d'occasion** sur Internet peut être très intéressant sur le plan des prix. **Des sites spécialisés** (Ebay, Priceminister, etc.) permettent ainsi aux particuliers d'échanger chaque jour des millions d'objets dans des conditions de sécurité optimale et à des prix compétitifs, qu'il s'agisse de biens de consommation courante, de vêtements, de voitures ou de tout autre produit.

Notez enfin qu'il est possible de bénéficier sur Internet de **promotions permanentes et de déstockages**. Les prix bas alors pratiqués s'expliquent par des achats en gros volumes auprès de fournisseurs attitrés et par l'absence de points de vente physiques qui permettent de réduire sensiblement les coûts. Au cours de ces dernières années, de nombreux sites se sont multipliés, en particulier dans la vente de matériel informatique et d'électronique grand public. Ils permettent d'acquérir toutes sortes de biens à des tarifs très avantageux.

Il peut donc être judicieux d'acheter sur Internet, mais nous allons voir qu'il est indispensable de prendre quelques précautions en matière de paiement et de transactions.

Acheter sur Internet est-il dangereux ?

Les professionnels de l'*e-shopping* mettent en avant le faible taux de fraude lié aux paiements par Internet : moins de 1 % des transactions. Certes... mais ce taux ne console d'évidence pas la victime qui s'est vue débitée de montants injustifiés !

Diverses **règles de prudence** s'imposent en matière d'achat sur Internet :

- **connaître la société** à laquelle vous achetez ;
- **acheter sur des sites connus.** La loi impose que figurent les informations suivantes : nom de la société, adresse postale, *e-mail*, numéro de téléphone ;
- **vérifier la date et l'heure de votre dernière connexion aux services en ligne** afin de vous assurer que personne ne s'est connecté à votre insu ;
- **vous assurer que le site est sécurisé.** Doivent ainsi apparaître une clé ou un cadenas fermé en bas de l'écran, ainsi qu'une adresse URL différente, commençant par « **https** » au lieu de « http » ;
- **utiliser le bouton « déconnexion »** pour mettre fin à votre visite sur le site de votre banque (et non le bouton « fermer »).

Bien entendu, il faut compter avec les autres risques, habituels dans la vente à distance : les problèmes de livraison (logistique insuffisante), la faiblesse du service après-vente et les difficultés de recours en cas de problème.

Faire attention au *phishing*

Il s'agit d'un nouveau type d'escroquerie via Internet qui consiste à envoyer un e-mail en usurpant l'identité d'une banque, d'un organisme financier, d'un site d'enchères en ligne, etc., afin d'amener le destinataire à fournir des informations confidentielles (numéro de compte, numéro de carte de crédit supposés malencontreusement effacés !).

Que faire dans ce cas ? 1. Ne jamais cliquer sur les liens contenus dans le mail ; 2. détruire rapidement le mail.

Autre conseil : n'accédez jamais à un site bancaire en cliquant sur un lien envoyé par *e-mail*.

Se méfier des offres promotionnelles « miraculeuses »

Elles peuvent être un moyen d'obtenir vos coordonnées bancaires et autres données confidentielles. La plus grande vigilance s'impose donc vis-à-vis d'entreprises que vous ne connaissez pas.

Acheter comment ? Au comptant… et exceptionnellement à crédit

Évitez l'endettement pour les dépenses courantes

Comme on l'expliquera au chapitre 4, il est fortement conseillé de payer au comptant les dépenses courantes… ou de ne pas acheter ! L'endettement n'est concevable que dans le cadre d'un projet immobilier (pour se loger ou pour mettre en location) et, de façon générale, uniquement pour acquérir des biens susceptibles de prendre de la valeur ou de générer des revenus réguliers.

Payez au comptant. Profitez du crédit gratuit ?

On appelle crédit gratuit un crédit **remboursable sans paiement d'intérêts.**

La publicité pour ce type de crédit doit indiquer le montant de la réduction consentie en cas de paiement comptant. En effet, si vous choisissez de **payer au comptant** un bien pour lequel un crédit gratuit est proposé, il est possible d'obtenir une **réduction du prix** (généralement de 4 % ou 5 %). Veillez donc à ne pas oublier de demander à bénéficier de cette réduction.

D'autant plus qu'on peut se poser la question : **le crédit « gratuit » est-il véritablement gratuit ?**

Gratuit est-il synonyme de « non payé »/« donné » ? Poser – et se poser – cette question n'est pas jouer sur les mots, mais soulever un problème important pour les finances de chacun.

Si gratuit veut dire « non payé » par le client, c'est-à-dire « donné », cela signifie que l'entreprise supporte elle-même le coût de ce service. Est-ce réellement le cas ?

« Gratuit » signifie plutôt non payé par le « bénéficiaire » lui-même... mais supporté par l'ensemble des clients.

Le crédit « gratuit » est, au moins en partie, payé indirectement par l'ensemble des acheteurs via **la répercussion sur le prix de vente du coût des capitaux collectés par l'entreprise**.

Ce qui est en soi tout à fait logique. En effet, en faisant crédit à ses clients, l'entreprise utilise des capitaux empruntés sur le marché à un certain taux. Il est donc naturel qu'elle répercute au moins une partie de ce coût.

Notez que le raisonnement est identique si l'entreprise n'emprunte pas des capitaux sur le marché mais utilise des fonds disponibles dans ses comptes. En effet, en prêtant ces fonds à ses clients, l'entreprise se prive d'un manque à gagner représenté par les intérêts qu'elle aurait obtenus en plaçant ses disponibilités.

Il est donc assez **fallacieux de parler de crédit gratuit**. Certes, ce crédit ne donne pas lieu à paiement d'intérêts, mais **son coût, bien réel, est en partie incorporé au prix de vente... et donc payé par tous les clients, qu'ils aient ou non sollicité un crédit**.

Compte tenu de ces précisions importantes, que devez-vous faire face à une proposition de crédit gratuit ? Bien évidemment en profiter, c'est-à-dire :

- soit **opter pour le crédit gratuit**, et donc payer en plusieurs fois sans devoir verser des intérêts. En effet, étaler dans le temps vos paiements, donc débourser plus tard, est financièrement avantageux si votre épargne est rémunérée. Les intérêts que vous toucherez seront en effet plus élevés que si vous réglez tout de suite la totalité de votre achat ;
- soit **opter pour le paiement au comptant**, et donc bénéficier de la **réduction de prix** que le commerçant doit dans ce cas vous accorder.

Attention : votre argent les intéresse...

Des « amis qui vous veulent du bien »

Sachez ce que peut vous apporter chacun des acteurs financiers... mais n'oubliez pas de rester vigilant.

Les assurances

Les produits proposés sont de plus en plus nombreux. Citons ainsi la **garantie contre les accidents de la vie** (GAV) qui couvre notamment les dommages corporels consécutifs à un accident domestique ou à un accident dans le cadre des loisirs, les dommages liés à une catastrophe naturelle ou technologique.

Citons également à titre d'exemple les **assurances dépendance** qui prévoient le versement d'indemnités sous forme de capital ou de rente en cas de perte d'autonomie... et les **assurances obsèques**.

Les banques et les établissements financiers spécialisés

Les banques justifient de plus en plus souvent leur qualificatif d'« **universelles** » : elles exercent ainsi notamment des activités traditionnelles de dépôts et de crédits, d'opérations sur titres, de gestion de patrimoine, et même d'assurances.

Les **établissements financiers spécialisés** proposent eux aussi des crédits et peuvent prêter sur les lieux mêmes de vente au moyen de diverses formules de « crédit affecté » (voir page 87).

Enfin, certaines banques lancent des « agences immobilières » qui, en partenariat avec des promoteurs, constituent un guichet unique offrant plusieurs prestations (crédits immobiliers, assurance habitation...).

■ Certains magasins et la grande distribution

Depuis plusieurs années **la confusion des genres est largement pratiquée, les grandes surfaces devenant banquiers, assureurs, conseils en placement**.

Les services financiers sont proposés soit directement par les grands noms de la distribution soit par le biais de banques filiales créées de toutes pièces.

Enfin, les sociétés de crédit tendent à développer des **partenariats avec des enseignes de la grande distribution** et toutes les entreprises dotées d'un important portefeuille de clients.

■ Les intermédiaires de crédit

Ils se proposent de **chercher des crédits à votre place** ou de **racheter vos anciens crédits**... en général à des coûts élevés. Il est donc conseillé d'étudier avec attention leurs tarifs avant de recourir à leurs services. Ceux-ci peuvent être largement plus coûteux que les prestations offertes par les banques elles-mêmes.

■ Les assurances et les banquiers

La **confusion des genres** devient là aussi courante, visant à la fois à fidéliser les clients et à en conquérir de nouveaux. Ainsi, après la « **bancassurance** » (distribution de produits d'assurance par une banque) se développe l'« **assurbanque** » (distribution de produits bancaires par une assurance).

De nombreux groupes bancaires possèdent des filiales dans le secteur des assurances ou distribuent eux-mêmes via leurs propres guichets des produits d'assurance à des tarifs parfois bien inférieurs à ceux des assureurs « traditionnels ». Les banques, déjà présentes dans l'**assurance dommage** (multirisque habitation, puis assurance auto...) et dans le secteur de la **prévoyance** (assurance décès, rente éducation, invalidité...), s'attaquent au secteur du **dommage aux personnes** et de la **santé**. Leur percée dans le domaine de la **garantie contre les accidents de la vie** est à cet égard significative.

Inversement, nombre d'assureurs proposent des **services bancaires et financiers**, ouvrent des comptes courants et des livrets d'épargne, distribuent des **crédits** (crédits à la consommation et crédits immobiliers) à des taux parfois plus avantageux que ceux des banques.

La pratique du marketing financier à grande échelle

■ La multiplication des offres bancaires

De façon générale, les banques, comme les autres acteurs du marché du crédit, proposent des **offres de plus en plus ciblées** (jeunes, seniors, familles...), en fonction d'analyses de *scoring* permettant d'évaluer le potentiel de solvabilité et le potentiel de rentabilité de chaque type de client. Les jeunes sont des cibles privilégiées pour les banques, qui les sollicitent aux grandes étapes de leur vie (première carte de retrait, financement des études, première voiture, prêt à l'habitat...).

De plus, les banques multiplient les **programmes de fidélisation**, qui donnent lieu à des points cadeaux acquis au fil des paiements et retraits effectués par le client.

L'**épargne à distance**, c'est-à-dire gérée par le biais de contacts téléphoniques ou via Internet, est aujourd'hui un moyen de marketing fréquemment utilisé. Rappelons que la « **banque par téléphone** » est souvent utilisée pour les clients les moins rentables, dont les comptes ne sont pas gérés par les agences, mais par des plates-formes téléphoniques organisées pour consacrer le moins de temps possible à chaque opération.

■ L'innovation permanente : le cas des cartes bancaires et celui des distributeurs automatiques

L'innovation permanente dans le domaine financier est liée à la concurrence entre les banques et/ou entre les assurances, condamnées à fabriquer sans cesse des produits nouveaux, censés répondre à vos besoins. Au-delà de la conquête de nouveaux clients, plus coûteuse que la fidélisation des clients actuels, elles multiplient les produits offerts afin d'accroître leur rentabilité. Ainsi, chaque Français achète en moyenne sept produits à sa banque.

Parmi les dernières innovations dans le domaine financier, citons les **cartes de paiement** de certains magasins, assorties d'une option dite ***cash-back***, chaque utilisation rapportant un certain pourcentage sous forme de bons d'achat (voir page 164).

Citons aussi les **cartes personnalisées**, vendues par les banques, qui proposent du shopping moins cher, des garanties supplémentaires par exemple pour les achats en ligne, des réductions pour divers services (cinéma, location de voitures...).

Citons également les cartes dédiées à des **segments de clientèle spécifiques**. Tel est par exemple le cas des cartes destinées aux 12-25 ans, qui offrent des réductions tarifaires sur leurs principaux centres d'intérêt (cinéma, concerts...) et achats (informatique, téléphones, vêtements...). Tel est aussi le cas des cartes proposées aux clients les plus fortunés, avec des services haut de gamme et personnalisés (ex. : organisation de voyages, de soirées VIP, de réceptions...). Certaines banques proposent des **cartes à bas prix** destinées à une clientèle soucieuse de ne pas utiliser des services qu'elle juge inutiles (exemple des assurances souvent associées aux cartes bancaires). Ces cartes à bas prix permettent simplement de payer chez les commerçants qui les acceptent et de retirer de l'argent liquide. Enfin, sur le modèle du chèque-cadeau, a été créée en 2005 une **carte bancaire prépayée** dont la vocation est d'être utilisée comme cadeau... Solution idéale pour les parents et grands-parents qui ne savent pas quoi offrir à Noël.

Les **distributeurs automatiques** se transforment de plus en plus en canaux de distribution de produits bancaires (demandes de prêts à la consommation, premières étapes d'une demande de crédit immobilier).

Certains permettent aux clients de prendre rendez-vous avec leur conseiller, d'autres de créditer immédiatement leur compte lors d'une remise d'espèces ou de chèques. D'autres enfin permettent non seulement de recharger les téléphones portables, mais également d'acheter des billets de spectacles ou des titres de transport.

Et si vous changiez de banque ?

Les Français changent moins souvent de banque que de maison ou d'appartement, de travail... ou de conjoint. Deux raisons peuvent expliquer ce comportement : la satisfaction des clients vis-à-vis des prestations et des services apportés, ou la **difficulté de changer de banque**.

Comment procéder concrètement ?

- Recensez la **liste de vos comptes** et les **produits non transférables** d'une banque à l'autre, qu'il va donc falloir résilier.
- **Annulez tous les prélèvements et virements automatiques** qui transitent sur votre compte (centre des impôts, assureur, EDF, GDF, opérateur téléphonique, Sécurité sociale, mutuelle, organismes publics...).
- **Ne clôturez votre compte que lorsque vous aurez pu vérifier que vos consignes ont été suivies.** Par prudence et pour éviter de mauvaises surprises, conservez et alimentez votre compte encore pendant deux ou trois mois : vous éviterez ainsi les risques de rejet de prélèvement et les frais pour chèques sans provisions.

La panoplie des moyens utilisés pour séduire les clients

Les moyens utilisés pour séduire les clients sont nombreux (démarchage par téléphone, courrier personnalisé souvent attrayant, voire encarts dans la presse gratuite...).

Comme nous l'avons vu, les offres de ***package*** (ou offres groupées), qui proposent à la fois des crédits et divers services, se développent rapidement. Sont ainsi vendus des produits satellites à l'offre initiale. Tel est le cas des « *packages* immobiliers », qui peuvent proposer par exemple à la fois une assurance multirisque habitation (MRH), une assurance loyers impayés, une protection juridique, l'abonnement à un système de télésurveillance... Rappelons que les *packages*, dont les *packages* bancaires, qui proposent des services en partie inutiles, peuvent s'avérer beaucoup plus coûteux que la seule utilisation des services dont le client a réellement besoin.

Les banques et les établissements financiers recourent de plus en plus fréquemment au « marketing du juste-à-temps », qui consiste à proposer au client « **le bon produit au bon moment** », c'est-à-dire à lui offrir au moment opportun (le plus propice à l'achat) le service qui correspond le mieux à ses attentes. Pour cela, les banques, comme les autres sociétés, s'appuient sur les informations issues du CRM, ou *Customer Relationship Management* (Gestion de la relation client).

Notez enfin que le **crédit à la consommation** est entré dans l'ère du ***discount***, traduisant une intensification de la concurrence entre banques, établissements spécialisés et autres acteurs. Cette politique commerciale agressive offre autant d'aubaines dont chacun peut bénéficier, à condition bien évidemment de veiller à l'évolution de son endettement.

Demandez une nounou à votre assureur ou à votre banquier

Dans le cadre de la loi Borloo du 26 juillet 2005 instituant le **chèque emploi service universel (CESU)**, votre assureur ou votre banquier vous a peut-être déjà proposé une offre destinée à faciliter votre quotidien par le biais de services à la personne (ménage, soutien scolaire, garde d'enfants, jardinage, bricolage, prestations aux personnes dépendantes...).

Le CESU, cousin du chèque restaurant, est disponible sous deux formes : le CESU bancaire et le CESU préfinancé (ou cofinancé).

Le **CESU bancaire** s'utilise comme un chèque bancaire. Vous pouvez vous procurer les chéquiers auprès des organismes agréés par l'Agence nationale des services à la personne. Ces chéquiers comprennent également les volets « sociaux » pour les déclarations auprès de l'Urssaf.

Avec le **CESU préfinancé**, vous bénéficiez d'une **aide de votre entreprise et/ou du comité d'entreprise**. Votre entreprise peut en effet financer une partie du chèque (« abondement ») et vous prenez en charge l'autre partie.

Le système est **fiscalement avantageux** : 50 % des sommes que vous versez au titre de votre participation au CESU préfinancé sont déduits de votre impôt sur le revenu. Cela dans la limite de 12 000 € par an et par foyer fiscal, majorés de 1 500 € pour chacun des deux premiers enfants à charge, soit un maximum de 15 000 € par an.

De plus, un crédit d'impôt vous est attribué pour la garde d'enfants de moins de 6 ans à l'extérieur du domicile. Vous bénéficiez en outre d'un taux de TVA réduit à 5,5 % si vous faites appel à une entreprise ou à une association de services agréée. Enfin, la participation de votre entreprise est exonérée de charges sociales, de prélèvements sociaux et n'est pas soumise à l'impôt sur le revenu.

Notez que les avantages fiscaux pour votre entreprise sont aussi particulièrement importants. Il revient en effet trois fois moins cher à votre entreprise de vous verser 100 € de pouvoir d'achat sous forme de CESU préfinancés que sous forme de salaire ou de prime.

Dernières précautions en matière de dépenses

Que cache ce qui est imprimé en petites lettres ?

Pour le savoir, vous devez prendre le temps de le lire. Cela semble évident... Mais comme beaucoup d'évidences, il est utile de le rappeler.

Que cache ce qui reste flou ?

Et cela, malgré les explications du vendeur, du banquier ou de l'assureur ?

Comme il est probable que l'ignorance et l'incompréhension resteront toujours aussi grandes après de nouvelles « explications », **une règle s'impose : la prudence.**

Il faut veiller à ne s'engager que si l'ensemble de la proposition est bien compris.

Conclusion

Si **savoir acheter** est indispensable, nous allons voir que veiller à **s'endetter le moins possible** (sauf pour un projet immobilier) l'est également.

Chapitre 4

Limiter son endettement

L'essentiel

1. Veillez à ne jamais être débiteur… et à ne pas vous endetter par négligence.
2. Surveillez en permanence votre endettement. Le principe des « 30 % maximum ».
3. Connaissez le coût du crédit.
4. Connaissez les types de crédits.
5. Vous endetter pour acheter votre logement ? Oui.
6. Payez au comptant vos dépenses courantes… sinon n'achetez pas !
7. Fuyez le crédit à la consommation et le crédit permanent.
8. En cas d'endettement, quel type de crédit choisir ?
9. Que penser des nouvelles formes de crédit ?
9. Allégez vos dettes grâce à l'inflation.

Veillez à ne jamais être débiteur… et à ne pas vous endetter par négligence

Ne dépensez jamais plus que ce que vous possédez en banque

Dépenser plus que ce qu'on possède en banque, autrement dit « être à découvert », se traduit par l'apparition d'un débit au compte (d'où l'expression « **être débiteur** »), **solution toujours coûteuse et dangereuse**, comme on va le voir.

Il faut distinguer deux types de découverts : le découvert accidentel et le découvert préalablement autorisé par la banque.

Le **découvert accidentel** peut provenir d'un paiement par chèque (ex. : le règlement de la cantine) ou d'un prélèvement (ex. : la facture d'EDF) sans provision suffisante sur votre compte. Ce découvert, non prévu et à l'origine non autorisé par la banque, suppose ce qu'on appelle une « **facilité de caisse** ». Destinée à **résoudre une difficulté passagère et de courte durée** (de quelques jours à deux semaines au maximum), elle est une sorte d'avance accordée par la banque dans l'attente d'une prochaine entrée de fonds, comme le versement de votre salaire. Notez que si elle suppose l'accord de la banque, la facilité de caisse n'est pas gratuite : elle s'accompagne du versement d'intérêts débiteurs.

Le **découvert autorisé** permet de faire face à un décalage de trésorerie, avec l'accord initial de la banque et dans les **limites fixées au préalable**. Il suppose la définition des modalités de remboursement et entraîne, lui aussi, bien évidemment, le paiement d'intérêts débiteurs.

Dans tous les cas, le découvert est le signe d'une gestion non rigoureuse de votre compte, qui comporte divers inconvénients.

Les inconvénients du compte débiteur

Un compte débiteur entraîne le paiement d'intérêts, les fameux **agios**.

Peuvent s'y ajouter des **pénalités forfaitaires** pour incident de fonctionnement du compte si le découvert n'est pas autorisé, ainsi que des **frais** en cas de rejet de chèque, pour l'inscription au fichier des interdits bancaires, puis pour la levée de cette interdiction.

Avoir son compte débiteur est coûteux ; c'est également dangereux. La banque n'étant pas obligée de combler le découvert accidentel et d'accorder la facilité de caisse, elle peut **refuser de payer le chèque** que vous avez signé sans vous assurer d'une provision suffisante sur votre compte. Elle peut aussi **bloquer le prélèvement** qui rendrait le compte débiteur.

En cas d'incident de paiement (chèque sans provision ou usage abusif de la carte bancaire), **la banque peut retirer à son client ses moyens de paiement** (chéquier et carte) et **le ficher à la Banque de France**, ce qui le prive de la possibilité d'émettre des chèques ou d'utiliser une carte bancaire dans toutes les banques. Le client devient alors **interdit bancaire.**

Dans ce cas, la banque demande à la Banque de France d'inscrire le client sur le fichier central des chèques impayés. Le client est alors « fiché Banque de France ». Il peut aussi, après trois échéances impayées, être inscrit sur le fichier national des incidents de remboursement des crédits aux particuliers (FNICP).

Attention aux dates de valeur

Les dates de valeur sont les dates à partir desquelles les opérations réalisées sur un compte bancaire sont prises en compte pour le calcul des intérêts (créditeurs ou débiteurs). Ces dates ne correspondent pas toujours à celles des opérations.

Le système des dates de valeur peut être coûteux.

Explication : soit un chèque de 1 000 € tiré le 20 du mois ; soit un chèque de 1 000 € remis également le 20 du mois.

Le premier chèque sera débité le 18 ; le second sera crédité le 22.

Ainsi le client risque d'être débiteur de 1 000 € entre le 18 et le 22, soit pendant 4 jours. Il devra dans ce cas, bien évidemment, payer des agios à sa banque... alors que celle-ci fait fructifier les 1 000 € pendant 4 jours à son seul profit !

Le décalage entre les dates d'opération et les dates de valeur est censé correspondre aux délais de traitement. Explicables à l'origine en raison de l'importance des tâches manuelles ou faiblement automatisées, qui empêchent les banques de disposer réellement des fonds au moment où elles les comptabilisent, les dates de valeur semblent aujourd'hui **en partie anachroniques**. En effet, l'informatique a raccourci de façon sensible les délais de traitement, autorisant sinon la suppression – des vérifications sont toujours évidemment nécessaires –, du moins la réforme des dates de valeur.

Voici les dates de valeur les plus couramment appliquées.

Opérations	Dates de valeur
Retrait et versement d'espèces	Date d'opération
Paiement par chèque	Date d'opération *moins* 2 jours ouvrés
Remise de chèque	Date d'opération *plus* 2 ou 5 jours ouvrés *
Virement reçu	Date de réception des fonds par la banque *plus* 1 jour ouvré

* Selon la localisation de chacune des banques concernées, celle de l'émetteur du chèque et celle du bénéficiaire.

Connaître les dates de valeur est donc essentiel pour éviter d'être débiteur, puisque vous pouvez être débité plus tôt que prévu et crédité plus tard !

Il est impératif de gérer sa trésorerie de façon satisfaisante, c'est-à-dire prévoir les entrées et les sorties de fonds les plus importantes, et de prendre en compte les dates de crédit et de débit.

Attention à l'endettement par négligence

La finalité des cartes de magasins (voir plus bas dans ce chapitre) est de vous inciter à profiter des facilités de crédit, facturées à des coûts très élevés. Le système est d'autant plus dangereux qu'il peut vous amener à vous endetter sans vous en rendre compte.

Tel est par exemple le cas si vous **dépassez la date de paiement** ou si vous vous contentez de **payer le montant minimal exigé**, donc si vous recourez au crédit pour le solde de la facture. Dans la plupart des cas, les montants minimaux exigés étant très faibles (entre 20 € et 40 € par mois selon les prêteurs), vous êtes amené à rembourser très lentement le crédit, donc à payer des intérêts élevés.

Vous devez ainsi veiller à toujours régler au comptant la totalité de la facture, c'est-à-dire à ne pas vous endetter. Si, de façon momentanée, l'état de votre trésorerie ne vous le permet hélas pas, essayez de payer bien au-delà du montant minimal réclamé : les intérêts débiteurs seront moins lourds.

Lisez enfin avec la plus grande attention l'ensemble des informations et ne vous laissez pas abuser par des **artifices de présentation**. Ainsi, fréquemment, le montant minimal à régler est écrit en gras et en couleur vive, ce qui amène le consommateur distrait ou pressé à ne payer que ce montant, donc à recourir au crédit contre son gré, mais au plus grand bénéfice de la société de crédit.

Bien gérer son compte bancaire

Pour une bonne gestion de votre compte en banque, vous devez :

- tenir compte des sorties prévisibles de fonds de montants importants (ex. : paiement du tiers provisionnel de l'impôt sur le revenu) et reporter les autres dépenses afin de ne pas être pris de court ;
- veiller à ne pas payer avec retard les montants dus, ce qui entraîne soit des pénalités (ex. : les fameux 10 % du fisc), soit le recours à des crédits coûteux ;
- inversement, veiller à ne pas payer trop tôt (c'est-à-dire avant la date limite) : cela diminue en effet d'autant le niveau de votre solde bancaire, donc accroît le risque d'être débiteur, et vous prive peut-être de la perception d'intérêts en cas de compte rémunéré ;
- prévenir au plus vite votre banque en cas de difficultés passagères, ce qui vous permettra peut-être d'éviter des frais supplémentaires. La politique de l'autruche ne paie jamais.

Distinguez carte… et carte !

Vous devez distinguer :

- la **carte de paiement** (carte bancaire « classique »), qui permet d'effectuer des retraits aux distributeurs de billets et de régler ses achats ;

- la **carte de crédit**, qui comporte une réserve de crédit permanente, disponible à tout moment ;
- la **carte « hybride »**, qui semble être une carte de paiement « classique », mais qui a la **particularité d'enclencher le calcul d'intérêts débiteurs dès que le client l'utilise**, y compris pour de simples retraits d'argent liquide.

Qu'est-ce que la quinzaine civile ?

Ce que les banquiers nomment « quinzaine civile » est un mécanisme spécifique de calcul des intérêts sur certains placements qui ne prend pas en compte le nombre réel de jours pendant lesquels les fonds sont placés ou empruntés, mais se réfère à la notion de quinzaine. Ainsi :

- les fonds cessent de produire intérêt à la fin de la quinzaine civile qui précède le jour du retrait ;
- les fonds portent intérêt à compter du premier jour de la quinzaine civile qui suit la date du dépôt.

En matière de retrait

Pour un retrait par exemple le 10 du mois, les intérêts cessent de courir à partir du 30 ou du 31 du mois précédent.

Pour un retrait le 20 du mois, ils cessent de courir à partir du 15 du mois.

En matière de dépôt

Pour un dépôt par exemple le 10 du mois, les intérêts ne courent qu'à partir du 16 du mois.

Pour un dépôt le 20 du mois, les intérêts ne courent qu'à partir du 1er du mois suivant.

Quand faire les retraits et les dépôts ?

Quand est appliqué le mécanisme de la quinzaine civile, la conduite à tenir est simple. Vous devez :

- faire des retraits le 2 ou le 16 du mois ;
- faire des dépôts le 14 ou l'avant-dernier jour du mois.

Surveillez en permanence votre endettement. Le principe des « 30 % maximum »

L'importance de l'épargne de précaution

L'épargne de précaution est destinée à **faire face à des dépenses imprévues** (remplacement du congélateur... deux mois après la fin de la garantie ; soins dentaires urgents et très mal remboursés), ou à **profiter d'opportunités** (voir chapitre 6). Elle permet ainsi de conserver une marge de manœuvre dans la gestion de votre argent.

Il est souhaitable d'avoir en épargne de précaution **au moins un mois de revenus**, et de n'y toucher qu'en cas d'urgence ou de nécessité absolue... et non pour financer un petit (ou un gros) plaisir ! Vouloir profiter de ce que vous pensez être une « bonne affaire » (et qui peut ne pas en être une) dans le cadre d'une campagne de promotion ne justifie pas que vous puisiez dans votre épargne de précaution.

Limitez vos dettes afin que les intérêts et les remboursements n'excèdent pas 30 % de vos revenus

Il est essentiel de bien réfléchir avant de s'endetter. Vous devez vous demander si vous aurez toujours les moyens de rembourser et de payer les intérêts dus pendant plusieurs années.

Limiter ses dettes permet de faire face à ses engagements tout en continuant de vivre « normalement », sans voir son découvert bancaire se creuser ou risquer d'entrer dans le cycle du surendettement.

Veillez à limiter vos dettes pour que le montant de l'ensemble des remboursements et des intérêts à payer ne dépasse pas 30 % de vos revenus. Au-delà, vous entrez dans une « zone dangereuse ».

ZOOM TECHNIQUE

Où commence la « zone dangereuse » ?

De façon logique, **la zone dangereuse est d'autant plus proche que les revenus sont faibles**.

Ainsi, avec des revenus mensuels de 1 000 €, la zone dangereuse apparaît pour des remboursements et des intérêts égaux à 300 €.

Avec des revenus mensuels de 5 000 €, la zone dangereuse n'apparaît que pour des remboursements et des intérêts égaux à 1 500 €.

Conclusion : **les titulaires des revenus les plus faibles sont les plus vulnérables face à l'endettement et au surendettement**.

Un endettement qui correspond à un montant de remboursement et d'intérêts égal à 30 % du revenu représente une charge importante pour ces ménages, alors qu'un endettement plus important peut être tout à fait supportable pour des titulaires de revenus élevés.

Le pourcentage de l'endettement par rapport au revenu doit donc être d'autant plus faible que le revenu est modeste.

Connaissez le coût du crédit

Comparez les TEG

En tant qu'emprunteur vous devez impérativement prendre en compte **l'ensemble des éléments du coût du crédit** : c'est-à-dire non seulement le taux nominal (c'est-à-dire le taux « officiel »), mais également tous les frais annexes.

Tel est le sens du taux effectif global (TEG), parfois également nommé taux annuel effectif global (TAEG), adopté au niveau européen.

Selon la loi, **seul le TEG doit être utilisé dans les offres de prêt**.

Le TEG, parce que défini de façon précise et d'application obligatoire, peut servir d'élément de comparaison entre les différentes offres de crédit.

Il faut toujours se fier au TEG... et jamais au taux nominal mis en avant de façon souvent fallacieuse par les banques et les organismes de crédit.

Taux nominal et taux effectif global (TEG)
Le taux nominal ne tient pas compte des frais annexes qui alourdissent le coût du crédit.
Au contraire, **le taux effectif global intègre les frais annexes du crédit**.
Pour les **crédits à la consommation**, le TEG intègre, outre le taux d'intérêt nominal, les frais de dossier et les cotisations d'assurances obligatoires.
Pour les **crédits immobiliers**, le TEG intègre, outre le taux d'intérêt nominal, les frais de dossier, les frais de constitution de la garantie, les commissions et les assurances obligatoires liées au crédit.
Notez que les assurances obligatoires couvrent les engagements en cas de décès, d'invalidité, d'incapacité de travail (DIT). Sont par contre **exclues du calcul du TEG les assurances facultatives**, c'est-à-dire celles non exigées par le prêteur pour accorder le crédit, telle l'assurance perte d'emploi.

N'étudiez pas seulement le taux d'intérêt

Le taux d'intérêt n'est qu'un élément du coût de votre crédit. Vous devez aussi tenir compte :

- du **montant** et de la **durée** du crédit : des taux exceptionnellement bas sont réservés aux crédits d'un montant élevé, remboursés sur une courte durée (un an). Dans ce cas, le coût du crédit est très faible, mais les mensualités de remboursement sont très élevées ;
- des **pénalités** que vous pouvez être amené à payer en cas de **remboursement anticipé** (voir page 162) ;
- des **garanties** que peut vous demander le prêteur. On distingue deux types de garanties : les garanties personnelles et les garanties réelles. Les **garanties personnelles** sont apportées par des tiers qui se portent **caution** en s'engageant à payer eux-mêmes en cas de défaillance de l'emprunteur. Les **garanties réelles** prennent, selon le cas, soit la forme d'un **gage** pour les biens mobiliers (ex. : voiture), soit la forme d'une **hypothèque** pour les biens immobiliers (appartement, maison) ;
- du coût de l'**assurance des emprunteurs** (ADE) proposée à celui qui contracte un crédit afin de garantir le remboursement en cas de chômage, d'invalidité ou de décès. Si le recours à l'ADE est peu

fréquent pour les crédits à la consommation et les crédits permanents, environ 90 % des emprunts immobiliers comportent cette assurance.

Combien coûte par an un crédit de 1,35 % par mois ?

Le calcul est simple ; encore faut-il le faire.

De façon approximative, on peut écrire :
Taux annuel = Taux mensuel × 12

De façon précise, on a : Taux annuel = $(\text{Taux mensuel} + 1)^{12} - 1$

Exemple de calcul approximatif : le taux mensuel d'un crédit ressort à 1,35 %, ce qui semble peu élevé, mais correspond en fait à un taux annuel de plus de 16 %... taux qui augmente sensiblement le prix d'achat !

Par exemple, un bien acheté 600 € avec un crédit de ce type sur 1 an revient à près de 700 €, soit 100 € de plus. C'est loin d'être négligeable.

Connaissez les types de crédits

Les crédits à court, moyen et long terme

Les crédits à court terme

D'une durée de moins de 2 ans, ils vous permettent non seulement de faire face à des difficultés passagères de trésorerie mais aussi de financer l'équipement de la maison.

Notez que le paiement par carte bancaire à débit différé constitue une forme de crédit puisque le montant de vos achats est débité une fois par mois (le plus souvent à la fin du mois).

Les crédits à moyen terme

Ces crédits, d'une durée de 2 à 7 ans, accordés essentiellement par les banques, sont utilisés surtout pour faciliter l'achat d'une voiture ou payer les travaux d'aménagement du logement.

Les crédits à long terme

Ces crédits sont destinés à l'achat ou aux travaux importants de rénovation de la maison ou de l'appartement. Leur échéance peut aller jusqu'à 20-25 ans, voire au-delà, puisque aujourd'hui les banques proposent des crédits immobiliers d'une durée de 30 ans.

Le crédit personnel et le crédit affecté

Le crédit personnel

N'ayant pas d'objectif particulier, il est **libre d'utilisation** : une fois le prêt obtenu, vous pouvez l'utiliser comme bon vous semble (aménager votre appartement, vous offrir un voyage lointain).

Le crédit affecté

Il est **associé à l'achat de biens spécifiques mentionnés dans le contrat.** Il est souvent proposé directement sur le lieu de vente (grands magasins, concessionnaires automobiles, marchands de meubles ou d'équipement de la maison...) par un établissement financier. Celui-ci peut être physiquement installé sur place ; il peut aussi confier au magasin le soin d'assurer la commercialisation du crédit. Les crédits affectés sont également proposés par les banques.

L'avantage du crédit affecté est que le crédit et la vente sont liés. Ainsi, si vous n'obtenez pas votre crédit, la vente ne se réalise pas, et si vous changez d'avis sur votre achat, le crédit est annulé automatiquement, sans pénalités.

Les crédits immobiliers

Ils supposent la plupart du temps un apport personnel qui peut être alimenté par les fonds recueillis sur un compte épargne logement (CEL) ou un plan épargne logement (PEL). Il s'agit de formules qui, après une phase d'épargne, vous permettent d'obtenir un prêt à un taux avantageux, assorti d'une prime versée par l'État calculée en fonction des intérêts acquis.

Il est également possible, dans certains cas, de bénéficier de prêts aidés par l'État et distribués par des établissements spécialisés. Parmi ces prêts à caractère social, dont l'obtention dépend des ressources du demandeur, citons le prêt conventionné, le prêt d'accession sociale et le prêt à taux zéro (voir page 161).

Le crédit permanent

Ce crédit, dit également renouvelable ou *revolving*, consiste en une réserve d'argent, définie à l'avance, disponible à tout moment et qui se reconstitue au fur et à mesure des remboursements (voir plus loin dans ce chapitre). Ce type de crédit encourage donc l'endettement, et même le surendettement. Il est de plus très coûteux car proche du taux de l'usure (entre 15 % et 18 % l'an), et se situe à un niveau bien supérieur à celui du crédit personnel.

La location avec option d'achat

Par ce mécanisme, également appelé **crédit-bail** ou ***leasing***, un établissement de crédit achète un bien (par exemple, une voiture) à votre place et le met à votre disposition. Vous en devenez locataire après avoir versé un dépôt de garantie ; vous payez des loyers mensuels et vous pouvez décider, à la fin du contrat, d'acheter le bien à sa valeur résiduelle.

Le rachat de crédits

Il consiste à **regrouper en un seul prêt personnel l'ensemble des crédits** contractés au cours du temps auprès d'un ou de plusieurs organismes financiers. En allongeant la durée du prêt, le système vous permet d'alléger vos mensualités ; il vous permet également de dégager une nouvelle capacité d'épargne.

Vous endetter pour acheter votre logement ? Oui

Pourquoi acheter votre appartement ou votre maison ?

Être propriétaire de son appartement ou de sa maison est une des conditions de la sécurité financière.

Les avantages d'être « chez soi » sont clairs, spécialement en cas de baisse importante des revenus, aucun propriétaire n'étant susceptible de donner congé !

De plus, être propriétaire de son logement est un gage de sécurité pour le futur, l'immobilier étant, sauf exception, un élément de patrimoine qu'il est toujours possible de vendre en cas de difficultés financières importantes.

Enfin, être propriétaire de son logement permet, au moment de la retraite, donc à une période où les revenus baissent, d'être à l'abri des hausses de loyers que subissent régulièrement tous les locataires.

Éviter de payer plusieurs fois le prix de son appartement !

Devenir propriétaire permet de s'enrichir ; rester locataire ne le permet pas. Tout au long de sa vie, le locataire paie en loyers de quoi acheter plusieurs fois l'appartement qu'il habite !

Devenir propriétaire amène à **économiser** et **responsabilise l'acheteur** grâce à un effort d'épargne régulier. Cela est particulièrement vrai en cas de crédit immobilier, qui constitue une sorte d'« épargne forcée », puisqu'il oblige l'acquéreur à moins dépenser et à constituer progressivement un patrimoine.

Enfin, l'investissement immobilier peut être le premier pas vers des acquisitions plus importantes suivant l'évolution des besoins et l'agrandissement de votre famille. Combien de ménages aujourd'hui propriétaires d'un logement de trois ou quatre pièces ont commencé par acheter un studio ? L'exonération, sous certaines conditions, de l'impôt sur les plus-values pour la vente de la résidence principale favorise les achats successifs de surfaces plus importantes.

Pourquoi acheter à crédit votre appartement ou votre maison ?

L'endettement pour un projet immobilier peut être souhaitable dans deux cas :

- **pour se loger** ;
- **pour louer**, les loyers perçus devant couvrir à la fois le paiement des intérêts et celui des charges d'entretien courant de l'appartement ou de la maison. Le système peut être **fiscalement avantageux**, les intérêts de votre prêt étant déductibles de vos revenus fonciers.

L'opération de crédit est très avantageuse si les prix de l'immobilier progressent plus rapidement que les taux d'intérêt. L'avantage est bien sûr plus important encore si les prix s'envolent.

On a en effet avantage à s'endetter par exemple à 5 % par an si les prix de l'immobilier augmentent de 10 % chaque année. On peut ainsi acheter à un coût relativement bas un bien dont le prix progresse de façon rapide et continue.

A contrario, placer son épargne à 5 % en espérant acheter dans le futur un appartement ou une maison dont le prix augmente chaque année de 10 % est un mauvais choix. Dans ce cas, la course à l'investissement immobilier est en effet perdue d'avance, notre candidat à l'achat s'épuisant à courir après un bien dont le prix augmente plus vite que ses revenus. Il s'agit là d'une « mission impossible ».

Que faire sur le plan pratique ?

Vous devez vous demander si vous pouvez bénéficier de certains **crédits immobiliers financièrement intéressants** (voir page 161), déterminer le montant de votre **apport personnel**, la **durée optimale de votre crédit** et connaître le système de l'**hypothèque**.

■ L'apport personnel

S'endetter pour se loger suppose la plupart du temps un **apport personnel**, qui impacte à la fois le montant emprunté et le taux d'intérêt. Plus l'apport personnel est élevé, plus le taux du crédit pourra être bas.

Outre l'épargne logement constituée dans le cadre d'un PEL ou d'un CEL (voir pages 161), l'apport personnel peut être issu d'autres sources d'économies, d'aides familiales et du « 1 % patronal » (aide au financement immobilier accordée aux salariés sous certaines conditions).

Notez qu'il est souvent possible aujourd'hui d'emprunter sans apport personnel, le crédit couvrant la totalité du prix du bien, voire au-delà. On parle dans ce dernier cas de **financement à 110 %**, le crédit couvrant également les frais de notaire et d'hypothèque.

■ La durée du crédit

Devez-vous vous endetter sur 30 ans, durée inconcevable il y a quelques années ?

Cette technique, possible grâce à des taux d'intérêt peu élevés, permet un **financement sans gros apport personnel**. Elle favorise de la sorte l'accession à la propriété de jeunes ménages aux ressources limitées.

Mais cette solution de facilité peut au final coûter très cher à l'emprunteur. En effet, en cas de revente quelques années après l'achat, le montant de cette vente suffira-t-il à rembourser le capital restant dû ? Le risque de vendre à un prix trop bas existe, rendant l'opération très coûteuse, d'autant plus que l'emprunteur devra payer des pénalités liées au remboursement anticipé. Enfin, les risques d'accident de la vie sont plus nombreux sur une longue durée ; le coût de l'assurance peut s'en trouver alourdi d'autant. Il est donc plus prudent de limiter la durée de son endettement : **mieux vaut, dans la mesure du possible, opter pour une mensualité un peu plus élevée et réduire la durée du prêt.**

■ L'hypothèque

Pour se prémunir contre le non-remboursement de la somme prêtée, la banque exige en général la prise d'une **hypothèque** sur la maison ou l'appartement acheté à crédit ; ainsi, en cas de problème de remboursement, le prêteur peut faire vendre le bien pour récupérer ses fonds.

Payez au comptant vos dépenses courantes... sinon n'achetez pas !

La solution peut vous sembler draconienne. Elle est pourtant le seul moyen d'éviter l'endettement au quotidien.

Les dangers de l'endettement au quotidien

Si vous voulez constituer un patrimoine, voire vous enrichir, le mot d'ordre est clair : **n'achetez pas si vous ne disposez pas de suffisamment d'argent pour payer comptant.**

Cela est bien évidemment difficile compte tenu des nombreuses sollicitations de la publicité et du souhait de chacun de consommer. Recourir au crédit est tentant, spécialement quand on a « très envie » d'acheter un bien et qu'on ne dispose pas de la somme suffisante, ou quand on ne souhaite pas attendre — peut-être très longtemps — d'avoir une épargne suffisante. C'est d'ailleurs pour répondre à ce désir de disposer d'un bien avant d'avoir les moyens de l'acheter que le crédit a été inventé !

Parce que le crédit est tentant, mais également coûteux, voire dangereux, il est indispensable d'être prudent. Et cela spécialement s'il s'agit, comme on le verra plus bas dans ce chapitre, du crédit à la consommation et du crédit permanent, qui peuvent entraîner l'emprunteur vers **la pire des situations financières : le surendettement.**

Vous devez être très vigilant pour ne pas être entraîné dans une « fuite en avant » qui amène à s'endetter de plus en plus, et parfois à contracter un nouveau crédit pour rembourser les précédents ! La machine infernale du surendettement accélérerait alors sa cadence, risquant de vous mener tout droit et rapidement à la faillite personnelle (voir chapitre 1).

Quand emprunter et pourquoi ?

Une règle de bon sens doit impérativement être respectée : **emprunter de l'argent pour en gagner ! Il ne faut s'endetter que pour acquérir des biens susceptibles de prendre de la valeur ou de générer des revenus réguliers.**

Le conseil semble évident. Mais combien de Français l'ignorent et font exactement l'inverse en s'endettant à des niveaux de taux très élevés (entre 15 % et 17 %) pour améliorer la vie de tous les jours : opter pour le dernier équipement vidéo, multiplier les escapades à l'étranger, s'offrir une « petite robe pas chère »...

C'est un choix respectable ; mais **ceux qui privilégient le court terme choisissent de ne pas constituer un patrimoine, donc de ne pas devenir riches.**

Que faire en matière de crédit ?

Quand emprunter ? Pour placer des fonds si le taux du placement obtenu est supérieur au taux d'intérêt payé.

Pourquoi emprunter ? Seulement pour acquérir des biens susceptibles de prendre de la valeur ou de générer des revenus réguliers, ce qui est le cas, rappelons-le, de l'endettement immobilier, soit pour se loger, soit pour louer.

Fuyez le crédit à la consommation et le crédit permanent

Le crédit à la consommation

Le crédit à la consommation est l'ensemble des **crédits inférieurs à 21 500 €** et d'une **durée supérieure à 3 mois**. S'y ajoutent également la location-vente avec option d'achat ainsi que les ventes et les prestations de services dont le paiement est fractionné.

Ne sont par contre pas considérés par la loi comme des crédits à la consommation les crédits de plus de 21 500 €, les crédits de moins de 3 mois et les crédits immobiliers.

Le crédit à la consommation répond à des **besoins divers** : financement de dépenses courantes, achat de biens durables, difficulté passagère de trésorerie, dépense imprévue... À la différence des crédits affectés, le crédit à la consommation peut être **utilisé librement, au choix de celui qui l'a contracté**.

Il faut savoir que le crédit à la consommation n'est pas une simple facilité de paiement, mais un **véritable endettement**, qui doit donc, par définition, être remboursé et suppose le paiement d'intérêts (souvent élevés).

Le crédit à la consommation est soumis à une réglementation spécifique quant au délai d'acceptation de l'offre par le client et quant à la publicité dont il fait l'objet.

Le crédit permanent : un mécanisme séduisant

Par la technique du crédit permanent, un établissement prêteur offre à un client la **possibilité de puiser à sa guise dans une réserve dont le montant est fixé préalablement**. Ce montant, qui constitue un plafond de crédit, est calculé selon les ressources et la situation familiale du client. Celui-ci choisit librement les sommes qu'il retire et les dates auxquelles il utilise sa réserve de crédit.

L'originalité de ce mécanisme est que les remboursements effectués par le client reconstituent sa possibilité de crédit. D'où le terme de crédit « permanent » puisque **sont en permanence ouvertes de nouvelles possibilités d'endettement**.

Le crédit permanent est souple, simple d'accès et facile d'utilisation. Il est aussi rapidement octroyé, après un examen sommaire de la solvabilité du client. Un quart d'heure suffit pour établir, sur le lieu même de la vente, le dossier de crédit qui va permettre d'acheter la cuisine tout équipée ou le monospace dont on rêve depuis deux ans ! Cela sans devoir négocier un prêt avec son banquier. Le mécanisme est donc séduisant, et nombreux sont les Français qui y recourent. Le système est d'autant plus tentant que les offres les plus attractives en matière de taux sont faites à des moments « stratégiques » (vacances, rentrée des classes...).

Le crédit permanent : un mécanisme dangereux et coûteux

Le danger est celui de l'endettement sans fin, puisque tout remboursement rétablit les possibilités de crédit. La **spirale infernale** est engagée : **dès qu'une partie du crédit est remboursée, il est possible de s'endetter et de dépenser de nouveau.**

Mais dès que la dépense a lieu, il faut commencer à rembourser. Le risque de fuite en avant est donc bien réel : il peut amener le client à s'endetter de plus en plus. Une grande majorité des ménages surendettés sont titulaires de ces lignes de crédit permanent... dont certaines servent à faire le ravitaillement au supermarché !

Autre inconvénient de taille : le **coût** du crédit permanent. Comme il n'est pas clairement exprimé en taux, mais en **mensualités** à rembourser, il est **très difficile de juger précisément de son coût au moment d'accepter l'offre.**

De plus, **le taux d'intérêt du crédit permanent fluctue** en fonction des taux du marché et du montant à rembourser, lui-même fonction des achats effectués par le client... qui a de ce fait beaucoup de mal à s'y retrouver !

Le montant des mensualités à payer est souvent faible, ce qui permet de séduire le plus grand nombre de clients, persuadés de devoir peu. Mais c'est oublier que **la durée du crédit est d'autant plus longue que les mensualités sont faibles.** Chaque mois, le client paie essentiellement des intérêts et rembourse peu de capital, ce qui contribue à allonger la durée de la dette.

Et comme le crédit se reconstitue à chaque remboursement, le danger de la formule apparaît clairement... à condition de se donner la peine d'y réfléchir.

Enfin, le crédit permanent est particulièrement coûteux en raison de taux proches du **taux d'usure**, et, dans tous les cas, plus élevés que ceux des autres types de crédits.

ZOOM TECHNIQUE

Le taux d'usure

Est considéré comme taux d'usure (ou taux usuraire) le **taux supérieur de plus d'un tiers** au taux moyen pratiqué lors du trimestre précédent pour des crédits de même nature (ce taux moyen est déterminé chaque trimestre par la Banque de France et publié au *Journal officiel*).

Exemple : le taux moyen du 2e trimestre d'une année donnée est de 12 %.

Le taux d'usure pour le 3e trimestre sera donc un taux au moins égal à : 12 + (12 : 3) = 16 %.

Notez que, pour vous inciter à utiliser le plus possible votre réserve de crédit, donc à vous endetter, les banques et les établissements financiers proposent souvent des taux d'autant moins élevés (mais tout de même très chers !) que le montant emprunté est important. Le système peut là encore être qualifié de « pousse-au-crime ».

Vous devez donc être particulièrement **vigilant en matière d'information sur les taux d'intérêt** : les exemples présentés sur les publicités concernent fréquemment des crédits de montants importants, pour lesquels les taux sont moins élevés que les autres.

Pour toutes ces raisons (danger et coût du crédit permanent), avant de recourir à ce mode de financement, vous devez explorer de façon très approfondie les autres formes de crédit (découvert, crédit personnel, crédit affecté...) sans oublier que tout endettement suppose, bien évidemment, à la fois de rembourser le capital emprunté et de payer les intérêts.

Deux règles doivent donc être impérativement suivies :

- **fuyez toute proposition de crédit permanent** ;
- **ne vous laissez jamais séduire par les « petits plus »** mis en avant par des publicités alléchantes (cadeaux, réductions de prix, points de fidélité...) en oubliant le coût et les risques d'un endettement toujours plus lourd.

Témoignage

Les dangers du crédit permanent

« En tant que jeunes mariés, nous avions très envie de meubler rapidement notre appartement. Nous sommes donc allés dans une grande surface spécialisée et nous avons obtenu sans problème une réserve de crédit pour un total de 15 000 €. Ce qui nous a permis non seulement de nous équiper, mais aussi de régler de multiples petits achats au cours du temps ; et cela avec des mensualités très faibles.

« Le problème est que très vite la facture des remboursements s'est alourdie, sans que nous nous en rendions vraiment compte. Le système est coûteux et, parce que très facile à utiliser, il nous incite à nous endetter de plus en plus, sans le vouloir réellement.

« Alors aujourd'hui nous veillons à n'utiliser notre carte que de façon exceptionnelle. Pour ne pas être tenté, le mieux est de ne pas l'emporter quand on va dans les magasins ! L'emporter est risqué... aussi risqué que de continuer d'acheter des cigarettes pour quelqu'un qui veut cesser de fumer ! »

Chantal et Lionel Mirand, Boulogne-sur-Mer

Vers une plus grande protection des clients

La loi Chatel du 2 août 2005 rend plus facile **la résiliation des contrats automatiquement renouvelables**, dits « tacitement reconductibles » (contrat d'assurance, abonnement à une chaîne de télévision...).

Ainsi, les prestataires de services doivent, au plus tôt trois mois et au plus tard un mois avant la date limite de résiliation, prévenir leurs clients de la possibilité de ne pas reconduire leur contrat. À défaut, les consommateurs peuvent résilier leur contrat à tout moment et sans pénalités.

En matière de **crédit permanent**, la loi prévoit qu'à tout moment le client peut demander la réduction de sa réserve de crédit, la suspension de son utilisation ou la résiliation du contrat. De plus, toute augmentation du crédit consenti doit faire l'objet d'une offre préalable. Enfin, la reconduction du contrat doit être confirmée par l'emprunteur si la réserve n'a pas été utilisée pendant 3 ans.

Quel type de crédit choisir ?

Au préalable, demandez-vous : dois-je vraiment m'endetter ?

En effet, **comment peut-on accumuler une épargne rémunérée par exemple à 2 % et accepter de payer des crédits au taux de 15 % ?**

Il faut bien évidemment sortir au plus vite de cette situation aberrante en remboursant ces crédits, et, si possible, ne pas en contracter d'autres.

Tel est l'exemple type du raisonnement de bon sens, très éloigné de toute connaissance technique, et tout à fait indispensable à la constitution de son patrimoine. Or, combien de Français gaspillent ainsi leur argent...

Taux fixes, taux révisables et taux variables

Les crédits à **taux fixe** sont des crédits pour lesquels le taux d'intérêt reste le même pendant toute la durée de l'opération.

Les crédits à **taux révisable** sont des crédits pour lesquels le taux d'intérêt est déterminé pour une certaine durée et est connu au début de chaque échéance. Le taux varie suivant un indice de référence.

Les crédits à **taux variable** sont eux aussi des crédits pour lesquels le taux d'intérêt est déterminé pour une certaine durée, mais ce taux ne sera connu qu'à la fin de chaque échéance. Précisons que les taux variables sont déterminés en fonction de l'évolution du marché ou plus exactement de l'Euribor (taux interbancaire en euros).

Quel type de taux choisir ?

Si vous privilégiez la sécurité, choisissez le taux fixe.

En effet, ce type de crédit n'entraînera pas de mauvaises surprises ; les mensualités sont stables et définies à l'avance. Le crédit à taux fixe est donc avantageux en cas de hausse des taux, puisque les intérêts dus restent inchangés.

Par contre, en cas de baisse des taux, vous aurez l'impression d'avoir fait une mauvaise affaire, puisque vous ne bénéficierez pas de la baisse comme cela aurait pu être le cas si vous aviez opté pour la formule du crédit à taux variable ou révisable.

Si vous espérez une baisse des taux, choisissez le taux variable ou le taux révisable.

En effet, s'endetter à taux variable ou révisable permet de bénéficier des baisses de taux... mais alourdit bien évidemment le coût en cas de hausse. La formule du taux variable ou révisable est donc risquée.

D'où l'intérêt du taux plafond ou maximal. Dans ce cas, une limite à la hausse du taux d'intérêt est fixée et vous connaissez le coût maximal de votre crédit. Ce taux est dit « capé » puisqu'il ne peut dépasser un certain niveau (« cap »).

Vous pouvez aussi souscrire à un taux tunnel : la banque vous garantit un plafond à la hausse, mais vous impose un plancher à la baisse.

Notez enfin que pour certains contrats à taux variable la hausse des taux peut ne pas se traduire par une augmentation des mensualités à payer, mais par une augmentation de la durée du crédit.

Crédit par annuités et crédit *in fine*

Avec le **crédit par annuités**, chaque échéance comporte une fraction du capital et des intérêts, le capital se remboursant (« s'amortissant ») ainsi petit à petit au cours du temps.

Avec le **crédit *in fine*** (à la fin), le capital est remboursé en fin de crédit, l'emprunteur ne payant à chaque échéance que les intérêts. Grâce à ce mécanisme, l'emprunteur peut, pendant toute la durée du crédit, placer le capital emprunté et ainsi percevoir des intérêts.

La formule du crédit *in fine* est généralement utilisée pour le **financement d'un investissement locatif**. Elle permet en effet d'augmenter les intérêts à payer, et de ce fait de réduire le montant imposable : elle s'inscrit donc dans une stratégie d'**optimisation fiscale** (voir page 129).

Quel type de crédit choisir : par annuités ou *in fine* ?

Si vous vous endettez dans le cadre d'une opération de crédit « classique » (c'est-à-dire sans financement complexe), optez pour le crédit par annuités. Celui-ci est en effet une formule simple d'endettement. Il est également une formule sûre puisque vous remboursez progressivement votre emprunt.

Le crédit *in fine* est fiscalement avantageux s'il permet de dégager des économies d'impôts. Mais il est complexe et peut être dangereux.

Son inconvénient principal est de laisser inchangé jusqu'à l'échéance le montant de l'endettement.

Autre inconvénient important, le crédit *in fine* peut être dangereux en cas de baisse du prix du bien acheté ; dans ce cas en effet, le montant obtenu de la vente peut être inférieur au montant du crédit à rembourser, ce qui crée une situation financière difficile à résoudre.

Que penser des nouvelles formes de crédits ?

Deux nouvelles formes de crédits hypothécaires (le crédit hypothécaire rechargeable et le prêt viager hypothécaire) sont gagées sur la valeur d'un bien immobilier.

Le crédit hypothécaire rechargeable

Par ce mécanisme, dès que vous avez réglé une partie des mensualités du prêt souscrit pour acheter votre appartement ou votre maison, vous pouvez demander à votre banque un nouveau crédit, quel qu'en soit l'objet, d'un montant équivalent à ce que vous avez déjà remboursé. Ainsi, au fur et à mesure de vos remboursements, vous retrouvez une nouvelle capacité d'emprunter.

Le nouveau crédit, qui peut se faire auprès d'une banque différente de celle qui a accordé le prêt initial, est gagé sur la valeur de votre logement. **Vous pouvez donc gager votre bien immobilier pour dépenser plus au quotidien !**

Afin de limiter — modestement — le risque de surendettement, l'hypothèque ne pourra pas être rechargée pour garantir un crédit renouvelable. Néanmoins, **le système du crédit hypothécaire rechargeable est dangereux** dans la mesure où votre logement pourra être vendu pour indemniser la banque si vous ne pouvez faire face au crédit obtenu pour acheter par exemple une voiture, un écran plasma ou des biens de consommation courante ! La différence peut donc être importante entre la valeur du bien hypothéqué et la valeur du bien financé ; ce qui est particulièrement choquant.

Par ce mécanisme, **le prêt n'est plus fonction de votre revenu mais de la valeur de votre patrimoine**. La tentation est grande d'emprunter au-delà de ses propres capacités de remboursement et le risque de devoir vendre son bien immobilier pour rembourser un crédit d'équipement ou un crédit à la consommation ne doit pas être négligé.

Le prêt viager hypothécaire

Rappelons que le mécanisme du **viager** consiste à vendre son appartement ou sa maison tout en continuant d'y habiter. L'acquéreur verse un petit capital et paie une rente viagère jusqu'au décès du vendeur (ou celui de son conjoint).

Avec le **prêt viager hypothécaire**, la banque achète l'appartement ou la maison et verse à son client un capital ou une rente viagère. Au décès du propriétaire (ou celui de son conjoint en cas de rente réversible), la banque met le logement en vente pour se rembourser.

Ce système permet aux personnes âgées de recevoir un **complément de retraite**. De plus, l'emprunteur ne subit **aucune diminution de son pouvoir d'achat** pendant la durée du prêt puisque la banque n'est remboursée qu'en cas de décès ou de cession du logement.

Allégez vos dettes grâce à l'inflation

L'inflation allège la dette des débiteurs

En voici la démonstration chiffrée.

Dans le cadre de l'achat de votre appartement, vous devez payer chaque année pendant 10 ans 3 500 € d'intérêts. Quel est l'impact d'une hausse des prix annuelle de 6 % ?

Avec un salaire horaire actuellement égal à 10 €, vous devez travailler 350 heures, soit 10 semaines pour payer les intérêts dus.

Question : combien de semaines devrez-vous travailler dans 10 ans pour payer les intérêts, sachant que chaque année, les prix — et les salaires — augmentent de 6 % ?

Réponse : votre salaire horaire sera de 10,6 € la deuxième année, de 11,2 € la troisième année, etc., et de 16,9 € la dixième année.

Dans 10 ans, pour payer les intérêts annuels dus sur votre emprunt, vous devrez travailler moins de 6 semaines... au lieu de 10 aujourd'hui.

L'allégement des dettes grâce à l'inflation explique que nombre de Français aient pu acheter assez facilement, grâce à des prêts bancaires, leur maison ou leur appartement (60 % des Français sont propriétaires de leur logement et 20 % des Français possèdent une résidence secondaire).

ZOOM TECHNIQUE

Distinguer le taux d'intérêt nominal et le taux d'intérêt réel

Le taux d'intérêt **nominal**, appelé aussi taux d'intérêt **apparent**, se calcule en euros courants, sans tenir compte du fait que l'inflation allège mécaniquement le coût du crédit.
Le taux d'intérêt **réel** est le taux d'intérêt nominal corrigé de l'inflation.

Est-il vrai que « payer ses dettes, c'est s'enrichir » ?

Contrairement à cette idée très répandue, **payer ses dettes peut, en cas de hausse importante des prix, appauvrir le débiteur**, qui ne pourra pas profiter de l'allégement des intérêts dus.

Inversement, **en cas de hausse importante des prix, s'endetter c'est s'enrichir**... sous réserve, bien évidemment, de le faire dans certaines limites.

Conclusion

Au-delà de ces conseils de base — compter, économiser, bien acheter, peu s'endetter —, nous allons voir comment placer son argent.

Chapitre 5

Placer son argent

L'essentiel

1. Les placements en actions.
2. Les placements en obligations.
3. Les placements en titres de SICAV ou de FCP.
4. Les mécanismes boursiers.
5. L'assurance-vie.
6. L'investissement immobilier.
7. Les effets de levier : rendement, crédit, fiscalité.

Sont décrits dans ce chapitre les principaux placements qui permettent de valoriser votre épargne en dehors des produits d'épargne de précaution (voir page 137) et des placements plus risqués (voir page 165).

Les placements en actions

Les principales caractéristiques des actions

Les actions sont des « **titres de propriété** », les actionnaires étant « copropriétaires » de l'entreprise.

Les actions sont une part du « capital » de l'entreprise. Elles donnent notamment le droit de vote aux assemblées annuelles d'actionnaires, ainsi que la possibilité de percevoir des dividendes en cas de bénéfices et de se partager les biens restants en cas de liquidation de l'entreprise.

« Les actions, c'est dangereux. » Vrai ou faux ?

Plusieurs analyses montrent que, sur une durée supérieure à 50 ans, et notamment **sur les 10 dernières années, les actions ont été beaucoup plus performantes que l'or et les obligations.**

Néanmoins, les possibilités de perte peuvent être très élevées : la valeur des actions peut varier de façon très importante à court terme. À des envolées totalement irrationnelles des cours peuvent succéder des chutes spectaculaires. **Les placements en actions sont donc par nature risqués.** Ainsi, par exemple, après avoir doublé en quelques mois, les cours des sociétés de la « Nouvelle Économie » (entreprises spécialisées dans Internet et les NTIC – nouvelles technologies de l'information et de la communication) se sont effondrés en 2000. Au-delà de ces secteurs, les exemples sont nombreux de chutes retentissantes d'entreprises anciennes et vénérables. De ce fait une gestion prudente de son portefeuille d'actions est indispensable.

Si des analyses rationnelles peuvent être menées quant aux évolutions des cours, la Bourse reste un pari fait sur la bonne santé des entreprises et des marchés boursiers. **Le succès d'une entreprise reste toujours aléatoire.** Le développement de la concurrence et l'internationalisation de l'économie accroissent la vulnérabilité des entreprises et rendent donc fragiles les prévisions de résultats. De plus, les comportements irrationnels d'un grand nombre d'acteurs boursiers et les excès de la spéculation qui peut entretenir et nourrir les déséquilibres ponctuels entre l'offre et la demande expliquent la volatilité de certains cours.

Investir en Bourse, c'est prendre un double risque : un **risque d'entreprise**, lié aux performances économiques et financières de la société ; un **risque de marché**, lié aux évolutions générales de l'économie (croissance, inflation, compétitivité, etc.) et surtout aux comportements souvent irrationnels des marchés. D'où l'intérêt, si vous choisissez d'investir en Bourse :

- de **diversifier votre portefeuille** (voir chapitre 6) ;
- de **suivre** avec beaucoup d'attention et chaque jour **l'évolution des cours** ;
- de **profiter des baisses**. En effet, de façon logique, les périodes de baisse des cours doivent être l'occasion de constituer ou de renfor-

cer votre portefeuille d'actions. Il faut saisir l'opportunité d'acquérir à prix bas des actions... à condition que celles-ci soient susceptibles de dégager à terme des plus-values élevées. Vous devez en effet vous méfier des baisses justifiées par des résultats et des perspectives de rentabilité catastrophiques. Au lieu d'engranger éventuellement des plus-values, l'investissement dans ces sociétés vous condamne à perdre de l'argent. Il est donc essentiel, **en cas de baisse importante des cours, d'être prudent et de ne pas jouer à la roulette russe**.

Deux autres conseils en matière boursière :

■ Sachez acheter à temps

N'attendez pas que la hausse des cours s'accélère. Une hausse doit être une alerte : comment les spécialistes (qui, il est vrai, peuvent se tromper...) interprètent-ils cette hausse ? Si les explications données vous semblent logiques (augmentation prévisible des bénéfices de l'entreprise, signature de contrats importants...), n'hésitez pas : achetez.

■ Sachez vendre à temps

- **En période de baisse des cours** : ne restez pas prisonnier d'actions dont la valeur risque de continuer de chuter. Vendez, même si cette vente efface la plus-value que vous pensiez réaliser.
- **En période de hausse des cours** : ne soyez pas trop gourmand en matière de plus-value. Si celle-ci vous semble satisfaisante (par exemple 20 % ou 30 %), vendez. S'il est vrai qu'attendre vous aurait peut-être permis de réaliser une plus-value supérieure (mais en êtes-vous certain ?), cela pourrait aussi vous amener à subir une baisse inattendue des cours.

Les grands types de placements en actions

On distingue trois grands types de valeurs : les valeurs « de père de famille », les valeurs de croissance et les valeurs de rendement.

■ Les valeurs « de père de famille »

Ces valeurs, appelées parfois *blue chips*, sont des actions de sociétés à forte capitalisation boursière (donc des **grandes sociétés** avec un nombre d'actionnaires élevé), réputées pour leur sécurité et qui distribuent en général de **gros dividendes**. Elles sont donc très prisées du grand public et donnent lieu à des volumes d'échanges importants.

■ Les valeurs de croissance

Ce sont des actions de sociétés dont l'activité s'exerce sur un **segment porteur**, dont les bénéfices augmentent régulièrement et qui disposent d'un **important potentiel de plus-value**. Elles attirent de ce fait un grand nombre d'investisseurs malgré la faiblesse des dividendes distribués. Elles privilégient en effet plutôt les investissements que la répartition des bénéfices.

■ Les valeurs de rendement

Ce sont des actions de sociétés qui connaissent une faible croissance de leurs résultats, dont on ne peut attendre de fortes plus-values mais qui attirent les investisseurs grâce à des **dividendes élevés**.

« Les grandes entreprises, c'est plus sûr. » Vrai ou faux ?

Les cours des actions dépendent des prévisions sur la marche de l'économie en général, mais également sur les résultats passés de l'entreprise et surtout sur ses perspectives de développement.

Les grandes entreprises seraient dans ce cadre plus sûres que les plus petites. Elles disposent en effet de plus de moyens pour faire face à des difficultés passagères, même importantes. Elles ont en général des activités diversifiées, qui permettent de compenser par des bénéfices dégagés dans tel secteur les pertes subies dans tel autre secteur.

Néanmoins, l'histoire récente montre **l'effondrement d'entreprises géantes et vénérables**, qui ont disparu ou dont la valeur a chuté. Leurs cours en Bourse ont par exemple été divisés en quelques années par 10 ou par 20, ruinant ainsi nombre de petits épargnants.

« Une distribution gratuite d'actions, c'est un cadeau. » Vrai ou faux ?

■ Les deux types d'augmentation de capital : payante et gratuite

Quand une entreprise a besoin de fonds, elle peut augmenter son capital. Pour cela elle peut solliciter ses actionnaires actuels en leur proposant de souscrire à de nouveaux titres à un prix en principe inférieur au dernier cours de Bourse. Elle peut aussi solliciter de nouveaux actionnaires. Dans les deux cas, on parle d'augmentation de capital payante, ou plus fréquemment d'augmentation de capital « **à titre onéreux** », puisque **les actionnaires (actuels ou nouveaux) sont appelés à apporter des fonds**.

Il existe une autre façon d'augmenter le capital de l'entreprise : en distribuant gratuitement des actions. On parle ainsi d'« **attribution gratuite** » ou de « distribution gratuite » d'actions.

■ Le mécanisme de l'attribution gratuite d'actions

L'attribution gratuite d'actions, réservée aux actionnaires actuels, consiste à créer des actions nouvelles en **incorporant au capital les bénéfices antérieurs non distribués**, appelés « **réserves** ». On parle dans ce cas d'augmentation de capital « par incorporation de réserves ». L'opération consiste en comptabilité à faire remonter le poste « Réserves » dans le poste « Capital ».

Cette opération ne change en rien la valorisation de la société. Elle revient en effet à répartir le capital sur un plus grand nombre d'actions. Ainsi, de façon mécanique, le prix des actions baisse, le même « gâteau » étant réparti en un plus grand nombre de parts puisque sont créés de nouveaux titres. **L'attribution gratuite d'actions est donc neutre pour les actionnaires : ils détiennent plus d'actions mais le prix de chacune diminue.** Il est donc faux de dire qu'une attribution gratuite est un cadeau.

Les placements en obligations

Les principales caractéristiques des obligations

Les obligations sont des « **titres de créance** » sur l'entreprise (ou l'État) qui les a émises : elles sont ainsi des « reconnaissances de dettes » à l'égard des épargnants (« obligataires ») qui, en achetant ces obligations, prêtent de l'argent à l'entreprise (ou à l'État) pour une durée déterminée (ex. : 10 ans).

L'obligation donne le droit de recevoir chaque année des **intérêts** et bien entendu le droit d'être **remboursé à l'échéance** du montant prêté. Les obligations garantissent un revenu avec un **risque limité**, puisqu'en cas de défaillance de la société, les obligataires sont remboursés avant les actionnaires. **Leur valeur varie de façon beaucoup moins importante que celle des actions.**

Néanmoins, en dehors de l'exemple tristement célèbre des « emprunts russes », qui ont entraîné la ruine d'un grand nombre d'épargnants (notamment français), la défaillance de l'emprunteur est toujours possible.

Parmi les **produits proches de l'obligation**, citons :

- les **obligations assimilables du Trésor** (OAT) : ce sont des obligations d'État auxquelles est attachée la possibilité d'émissions de tranches complémentaires offrant des conditions identiques ;
- les **bons du Trésor**, créances à court terme émises par les pouvoirs publics.

« Les obligations, ça ne bouge pas. » Vrai ou faux ?

Le cours des obligations ne reste pas inchangé durant toute la durée de l'emprunt : **il varie en fonction de l'évolution des taux d'intérêt.** Mécaniquement le cours des obligations anciennes diminue lorsque les taux d'intérêt augmentent.

Exemple : une obligation émise au prix de 100 € rapporte un intérêt de 4 %. Trois ans plus tard, suite à une hausse des taux sur le marché de l'argent, les nouvelles obligations sont émises avec un taux d'intérêt de 6 %.

Les cours de l'obligation « ancienne » (celle émise il y a trois ans) vont mécaniquement diminuer. En effet, pourquoi un épargnant achèterait-il 100 € une obligation ancienne qui rapporte 4 %, alors qu'il peut, pour le même placement de 100 €, obtenir une rémunération de 6 % en achetant des obligations nouvelles ?

Inversement, en cas de baisse des taux sur le marché, l'évolution semble favorable à l'obligataire puisqu'il perçoit un taux d'intérêt supérieur à celui des obligations nouvelles. Cependant, les taux ayant baissé, il ne pourra à l'échéance placer ses fonds disponibles que sur des obligations à taux plus faible.

L'impact de l'évolution des taux d'intérêt sur le cours de l'obligation ancienne est plus ou moins important selon sa date d'échéance.

En effet, si l'obligation ancienne arrive à échéance, par exemple, dans un an, le manque à gagner entre le taux de l'obligation et le taux supérieur offert par le marché s'appliquera pendant une très courte période. L'épargnant pourra rapidement placer des fonds à des taux plus avantageux.

Mais si l'obligation ancienne arrive à échéance dans plusieurs années, le manque à gagner s'exercera sur une période plus longue et il est logique que la baisse du cours de Bourse de l'obligation soit plus élevée.

Le cours de Bourse s'établit selon un mécanisme complexe qui tient compte de trois éléments : la différence des taux d'intérêt des obligations anciennes et des obligations nouvelles, la date d'échéance et la valeur de remboursement des obligations anciennes.

Les placements en titres de SICAV ou de FCP

Les SICAV sont des « **sociétés d'investissement à capital variable** » et les FCP des « **fonds communs de placement** ». SICAV et FCP sont des OPCVM (« organismes de placement collectif de valeurs mobilières ») qui **agissent pour le compte d'épargnants.** Ainsi, ceux-ci n'achètent pas directement des actions ou des obligations, mais souscrivent à des titres d'**OPCVM qui se chargent d'investir en Bourse les fonds ainsi**

collectés. De la sorte, les épargnants détiennent une part des valeurs gérées par l'organisme.

La seule différence entre les SICAV et les FCP est de nature juridique, les FCP n'ayant pas la personnalité juridique ; ce qui est sans impact financier pour l'épargnant.

Les fonds d'investissement peuvent être **diversifiés** ou au contraire **spécialisés** dans certains secteurs économiques ou zones géographiques.

Ils peuvent aussi être spécialisés par types de valeurs :

- fonds d'investissement **actions** ;
- fonds d'investissement **obligations** ;
- fonds d'investissement **monétaires**, qui achètent des obligations à très court terme ou investissent directement sur le marché monétaire.

Certains fonds d'investissement sont adaptés au type de gestion souhaitée par le client : dynamique, équilibrée, de sécurité. Il s'agit des « fonds **profilés** ».

Les mécanismes boursiers

La Bourse

La Bourse est un **marché où s'achètent et se vendent des valeurs mobilières**, c'est-à-dire essentiellement des actions, des obligations et des titres de SICAV et de FCP.

La confrontation des ordres d'achat et des ordres de vente, issue des opinions divergentes sur les évolutions du marché, détermine le niveau des cours.

On distingue le **marché primaire** et le **marché secondaire**. Le marché primaire est le marché des actions et des obligations nouvellement émises. On parle ainsi de « marché du neuf ». Le marché secondaire est celui où sont échangés les titres déjà créés ; d'où le terme de « marché d'occasion ».

Le marché boursier est surtout animé par des professionnels et ceux qu'on nomme les **investisseurs institutionnels** (les fameux « zinzins »). Il s'agit d'opérateurs qui, en raison de leurs activités, sont amenés à intervenir pour des montants très importants (caisses de retraite, compagnies d'assurances, mutuelles, OPCVM). Néanmoins, les **particuliers** ont leur place en Bourse et les épargnants français sont nombreux à y investir, soit directement soit indirectement par l'intermédiaire des OPCVM.

Les marchés de la Bourse de Paris

La Bourse de Paris est une partie de l'**Euronext**, née en 2000 de la fusion des Bourses de Paris, de Bruxelles et d'Amsterdam.

On distingue : le marché unique, l'AlterNext et le marché libre.

Le marché unique (qui depuis 2005 remplace le premier marché, le second marché et le nouveau marché) est segmenté en **trois compartiments** (A, B et C) en fonction de la capitalisation boursière des entreprises (l'Eurolist).

L'AlterNext, créé en 2005, accueille les PME qui souhaitent bénéficier d'un accès simplifié au marché boursier pour financer leur développement. Ces entreprises bénéficient ainsi de modalités d'admission et de cotation assouplies.

Le marché libre, qui subsiste après la réforme de 2005, permet la cotation des sociétés qui ne sont pas admises sur les autres marchés. Les contraintes de cotation sont particulièrement faibles. **Les risques courus par les particuliers peuvent être très élevés.**

Le système des cotations

La cotation des valeurs mobilières est assurée en continu par ordinateur ; on parle ainsi de **marché en continu**. Tout nouvel ordre (par exemple, un ordre d'achat) provoque une nouvelle cotation s'il existe un ou plusieurs ordres de sens contraire (donc, dans notre exemple, des ordres de vente). L'indice CAC 40 est calculé en continu toutes les 30 secondes (CAC signifie « cotation assistée en continu »).

Les indices boursiers

Les indices boursiers sont calculés à partir d'un échantillon de valeurs représentatives du marché. Leurs variations traduisent les phénomènes de hausse ou de baisse des cours ; ils sont ainsi de véritables baromètres de l'évolution générale des marchés.

L'indice **CAC 40** est composé des quarante principales valeurs cotées sur la Bourse de Paris. Ces valeurs sont sélectionnées en fonction à la fois de l'importance de l'entreprise et du volume moyen des transactions. Au sein de l'indice, le poids de chacune de ces valeurs est fonction de l'importance de sa capitalisation (égale au cours de l'action multiplié par le nombre d'actions émises).

Sont également calculés l'indice **SBF 120** (SBF pour Société des Bourses françaises) et l'indice **SBF 250**, qui regroupent respectivement les 120 et les 250 plus grandes sociétés cotées à Paris.

Suivre le cours des actions... plutôt que l'évolution de l'indice

L'indice boursier, comme le CAC 40 à Paris ou le Dow Jones à New York, ne reflète pas tout le marché.

Une valeur peut très bien augmenter quand un indice s'effondre, et inversement.

Il ne faut donc pas suivre la Bourse dans son ensemble, mais les actions qu'on possède et celles qu'on souhaite acheter.

La passation des ordres

Les ordres peuvent être passés au comptant ou à crédit.

Le marché au comptant

Le marché au comptant est un marché où **les achats et les ventes sont réglés immédiatement à l'issue de la transaction**.

Dans les faits, le transfert de propriété et le règlement sont réalisés trois jours après l'exécution de l'ordre. On parle ainsi également de **marché à règlement immédiat**. Depuis septembre 2000, ce mode de négociation **s'applique à l'ensemble des marchés.**

Vous pouvez néanmoins acheter ou vendre des titres sur le marché à crédit.

Le marché à crédit et l'effet de levier

Avec le marché à crédit, appelé **service à règlement différé (SRD)**, la livraison des titres vendus et le paiement des titres achetés sont reportés au **dernier jour de Bourse du mois**. Ce système concerne environ 180 valeurs, qui font l'objet des transactions les plus nombreuses.

En cas d'achat à crédit, l'acheteur, avec l'accord de son intermédiaire, ne réglera son achat et ne deviendra propriétaire des titres achetés qu'en fin de mois. Son intermédiaire se substituera à lui jusqu'à cette date et lui facturera le coût de l'avance des fonds, en plus des frais de courtage.

Le service à règlement différé comporte un fort « **effet de levier** ». **Il permet en effet de prendre en Bourse une position bien supérieure aux fonds dont on dispose.**

L'effet de levier du SRD est égal à 5 pour les liquidités : vous pouvez en effet acheter des titres par exemple pour un montant total de 500 € avec seulement 100 € de liquidités détenues en compte.

L'effet de levier du SRD est égal à 2,5 pour les actions : vous pouvez en effet acheter des titres par exemple pour un montant total de 250 € avec seulement 100 € d'actions détenues en compte.

L'effet de levier du SRD peut multiplier vos gains par 5 ou par 2,5... mais il peut aussi multiplier vos pertes par 5 ou par 2,5 !

ZOOM TECHNIQUE

L'effet de levier du SRD

Vous disposez de 100 € de liquidités en compte. Vous les consacrez à l'achat d'une action cotée 100.

- 1er cas : dans les semaines suivantes, le cours de l'action passe à 130.

Si vous avez acheté au comptant, votre plus-value sera de 130 – 100 = 30.

Si vous avez acheté en SRD, vous avez pu acheter 500, soit 5 actions. Votre plus-value sera donc de 5 × (130 – 100) = 150. Soit 5 fois plus qu'en cas d'achat au comptant.

- 2e cas : dans les semaines suivantes, le cours de l'action passe à 90.

Si vous avez acheté au comptant, votre perte sera de 90 – 100 = 10.

Si vous avez acheté en SRD, vous avez pu acheter 500, soit 5 actions. Votre perte sera donc de 5 × (90 – 100) = 50. Soit 5 fois plus qu'en cas d'achat au comptant.
L'effet de levier du SRD constitue un instrument important de spéculation. Il doit donc être utilisé avec précaution.

■ Le cours limite

Il vous est possible de passer des ordres d'achat ou de vente avec un cours limite.

Le cours limite est celui au-delà duquel l'ordre de Bourse ne sera pas exécuté.

L'ordre à cours limite fixe ainsi :

- **le cours maximal (plafond) auquel vous êtes prêt à acheter** ;
- **le cours minimal (plancher) auquel vous êtes prêt à vendre.**

Il vous protège donc des fluctuations du marché.

Par exemple, fixer un ordre d'achat à 110 en cours limite vous assure de ne pas payer les actions plus de 110. Inversement, fixer un ordre de vente à 120 en cours limite vous assure de ne pas vendre les actions moins de 120.

La mesure des performances boursières : le PER

Le PER (*Price Earning Ratio*) est le rapport :

$$\frac{\textbf{Cours de l'action}}{\textbf{Bénéfice net par action}}$$

Exemple : si le cours d'une action est de 600 € et si le bénéfice net par action (égal au bénéfice après paiement de l'impôt sur les sociétés, divisé par le nombre d'actions composant le capital) est de 50, le PER de cette action est de 12. Ce qui signifie que la société vaut 12 fois son bénéfice de l'année.

Plus le PER est élevé, plus l'action est jugée chère.

Notez que, pour juger de la plus ou moins grande cherté des actions, les PER doivent être comparés uniquement entre entreprises du même secteur d'activité.

La loi de l'offre et de la demande et le mécanisme de fixation des cours

La fixation des cours de Bourse obéit à ce que les économistes nomment la loi de l'offre et de la demande.

L'offre est constituée des ordres de vente ; la demande est constituée des ordres d'achat.

OFFRE = VENTES

DEMANDE = ACHATS

■ 1er cas. L'offre est supérieure à la demande

Dans ce cas, **le cours tend à baisser.**

Explication : sortons de la Bourse et imaginons une situation caractérisée par la vente de produits très nombreux, que peu de clients veulent acheter. De façon logique, le commerçant baissera ses prix pour écouler ses stocks.

Le mécanisme est identique en Bourse : de nombreuses offres de vente face à des demandes d'achat peu nombreuses entraînent une baisse des cours.

■ 2e cas. L'offre est inférieure à la demande

Dans ce cas, **le cours tend à augmenter.**

Explication : toujours en dehors de la Bourse, imaginons le cas des ventes aux enchères. Le bien se vend d'autant plus cher que nombreux sont ceux qui désirent l'acheter : ils proposent en effet des prix de plus en plus élevés pour emporter l'enchère.

Le mécanisme est identique en Bourse : de nombreuses demandes d'achat face à des offres de vente peu nombreuses entraînent une hausse des cours.

La loi de l'offre et de la demande et le mécanisme du rééquilibrage « automatique »

Selon la loi de l'offre et de la demande, les déséquilibres qui apparaissent à un moment donné sur le marché boursier ne seraient que momentanés, le marché tendant à se rééquilibrer de façon automatique. Là encore, en dehors de la Bourse, prenons l'exemple de la vente d'un produit.

■ 1er cas. L'offre est supérieure à la demande

On sait que **le prix tendra à baisser**.

Cette baisse des prix va inciter les clients à acheter plus :

- certains souhaiteront profiter de la « bonne affaire » ;
- d'autres, qui jusqu'ici s'abstenaient faute de moyens suffisants, voudront acheter.

La baisse des prix va également inciter les entreprises à réduire leur offre, certaines allant peut-être jusqu'à abandonner cette production jugée peu rentable.

Ainsi, la demande, qui était insuffisante, tendra à augmenter, tandis que l'offre, qui était excessive, diminuera. D'où, miracle, le **retour à l'équilibre Offre = Demande**.

■ 2e cas. L'offre est inférieure à la demande

On sait que **le prix tendra à augmenter**.

Cette augmentation du prix incitera certains clients à acheter moins, le produit devenant trop cher.

L'augmentation du prix incitera par contre les entreprises à produire plus afin d'augmenter leurs bénéfices liés à une activité plus rentable.

Ainsi, la demande, qui était excessive, tendra à baisser, tandis que l'offre, qui était insuffisante, augmentera. D'où, second miracle, le **retour à l'équilibre Offre = Demande**.

Dans les faits, le marché ne se rééquilibre pas toujours de façon automatique, même si les entreprises et les consommateurs tendent à se comporter comme il vient d'être décrit. En effet, ces tendances sont souvent insuffisantes pour permettre le rééquilibrage. Au contraire, à cause de la spéculation et de comportements irrationnels, **le déséquilibre initial peut s'aggraver.**

La spéculation et l'ampleur des déséquilibres

En Bourse, le niveau des ordres de vente et celui des ordres d'achat dépendent essentiellement des **anticipations des acheteurs et des vendeurs** et de ce qu'on nomme la **psychologie des marchés**... souvent en grande partie irrationnelle.

Ainsi, le cours de Bourse reflète rarement la situation de l'entreprise ou l'état général de l'économie (taux de croissance, compétitivité...), mais il est **la traduction, à un moment donné, des espoirs ou des craintes des investisseurs, au-delà d'analyses rationnelles.**

La détermination des cours peut être liée aux **comportements moutonniers** d'un certain nombre d'investisseurs. Imaginant que les autres disposent d'informations privilégiées, ils peuvent être tentés de suivre les tendances du marché, et donc d'acheter quand la plupart achètent et de vendre quand la plupart vendent.

De ce fait, **ils achètent et vendent aux pires moments** : ils achètent quand les cours montent (à cause de la multiplication des achats) et vendent quand les cours baissent (à cause de la multiplication des ventes).

De plus, la **spéculation**, c'est-à-dire la décision d'acheter ou de vendre dans l'espoir de réaliser rapidement une plus-value importante, donc de « parier » sur l'évolution des cours, peut alimenter les déséquilibres et entretenir les effets « **boule de neige** ».

S'accroît ainsi la **volatilité**, définie comme l'ampleur des variations de cours sur une courte période. **Plus cette volatilité est élevée, plus le potentiel de gain, mais aussi le risque de perte sont importants**, justifiant la multiplication des ordres spéculatifs.

Ceux-ci peuvent profiter des fluctuations du marché, mais également les faire naître ou les aggraver.

En effet, ce que les spécialistes nomment les « **anticipations auto-réalisatrices** » sont fréquentes en Bourse. Cette expression montre comment l'espoir (ou la crainte) d'une hausse (ou d'une baisse) fait apparaître le phénomène attendu (ou redouté). En effet, les prévisions faites par les investisseurs les conduisent à des comportements d'achat ou de vente qui valident *a posteriori* leurs prédictions.

1er cas. Le cours des actions augmente de façon importante depuis plusieurs semaines

De peur que la hausse ne se poursuive, il peut être tentant d'acheter dès aujourd'hui (« Demain, je paierai plus cher », se dit l'apprenti spéculateur).

Comme nombreux sont les actionnaires qui raisonnent ainsi, la multiplication des achats tendra à faire monter les cours. Ainsi, le phénomène attendu interviendra !

2e cas. Le cours des actions diminue de façon importante depuis plusieurs semaines

De peur que la baisse ne se poursuive, il peut être tentant de vendre dès aujourd'hui (« Demain, les cours auront encore baissé », se dit l'apprenti spéculateur).

Comme nombreux sont les actionnaires qui raisonnent ainsi, la multiplication des ventes tendra à faire baisser les cours. Ainsi, le phénomène redouté interviendra !

Les liens entre potentiel de gain et risque de perte

Plus le risque de perte est élevé, plus le potentiel de gain doit être élevé.

En effet :

- Pourquoi prendre le risque de tout perdre pour gagner peu ?
- Comment attirer des épargnants vers un produit financier risqué sans leur offrir des taux de rémunération élevés et une probabilité de plus-value importante ?

Les épargnants ont en permanence le choix entre :

- le risque (acheter une action) ;
- l'absence de risque, ou un très faible risque (acheter une obligation émise par l'État).

Pour inciter les épargnants à aller vers le risque, il est indispensable que le risque soit mieux rémunéré que la sécurité.

On appelle **prime de risque** le rendement supplémentaire attendu par l'épargnant pour compenser le risque. Elle se calcule par rapport au rendement des obligations émises par l'État, qui sont supposées sans risque.

De façon logique, le potentiel de gain des actions (possibilité de plus-values très importantes... mais risque de pertes également très élevées) est supérieur à celui des obligations (rémunération modeste, absence de plus-values... mais faible risque de pertes en capital).

L'assurance-vie

L'assurance-vie et l'assurance décès

L'« **assurance-vie** » (ou assurance « en cas de vie ») permet de disposer pendant sa retraite d'un capital ou d'une rente viagère. En cas de décès avant le terme du contrat, les descendants ne récupèrent que les capitaux versés, la compagnie d'assurances conservant les intérêts.

L'« **assurance décès** » (ou assurance « en cas de décès ») s'apparente à la préparation de la succession car elle garantit au bénéficiaire le paiement d'un capital ou d'une rente en cas de décès de l'assuré. Mais **la plus grande prudence s'impose car l'assurance décès est une assurance à fonds perdus si le risque n'intervient pas...** au même titre qu'une assurance incendie ou vol. En effet, si l'assuré est encore en vie à la date prévue, aucun versement n'est effectué. Toutefois, des assurances — coûteuses — existent pour parer à une telle « malchance » !

Il est essentiel de bien distinguer les deux types de contrats compte tenu des différences des droits qui y sont attachés.

Les types de placement

La palette des placements en assurance-vie est très large. On distingue deux types de contrats : le contrat en euros et le contrat en unités de compte (appelé aussi « multisupport »).

Le **contrat en euros** assure un rendement minimal garanti, les investissements étant essentiellement composés d'obligations ou de fonds obligataires.

Le **contrat en unités de compte** est investi dans des SICAV, FCP, sociétés civiles de placement immobilier. Son capital varie en fonction de l'évolution des cours de Bourse. Il peut offrir une rémunération élevée selon les supports d'investissement choisis, mais il peut aussi bien évidemment faire naître des pertes importantes.

La loi autorise la **conversion de vos contrats en euros en contrats multisupports.** En optant pour la conversion vous pouvez espérer une rentabilité plus élevée, mais, de façon logique, vous abandonnez une partie de la sécurité du contrat en euros. Notez que, pour conserver les avantages fiscaux de vos anciens contrats, un minimum de 20 % de l'épargne accumulée doit alimenter les fonds en unités de compte sans garanties.

L'investissement immobilier

Les types d'investissement immobilier

Les investissements immobiliers peuvent être « directs » ou se faire par le biais de l'achat de parts de SCPI (sociétés civiles de placement immobilier).

Les **placements directs** consistent en l'acquisition d'un appartement ou d'une maison, soit pour y habiter soit pour les mettre en location.

Les **SCPI** gèrent un patrimoine immobilier et redistribuent les loyers. Les plus intéressantes investissent dans l'immobilier d'entreprise et profitent donc de l'explosion des loyers professionnels.

Ces investissements en SCPI, appelés souvent la « **pierre papier** », permettent de diversifier les risques (non-paiement des loyers, absence de location...) et de faciliter la gestion de votre patrimoine puisque celle-ci est assurée par la société.

« La pierre, c'est du solide. » Vrai ou faux ?

6 Français sur 10 sont propriétaires de leur logement. **L'immobilier a toujours été une valeur refuge**, c'est-à-dire un bien perçu comme devant au minimum conserver sa valeur, voire beaucoup augmenter et donc permettre des plus-values importantes. La « pierre » a de ce fait toujours attiré un grand nombre d'épargnants, spécialement en période de chute des autres placements (Bourse, par exemple). Ainsi, depuis l'éclatement de la bulle financière en 2000, qui s'est traduit par une baisse importante des cours de Bourse, les prix de l'immobilier se sont envolés.

La faiblesse des taux d'intérêt ainsi que l'allongement de la durée des crédits, qui rendent plus facile l'endettement des ménages même les plus modestes, ont également contribué à stimuler les achats immobiliers et ont donc alimenté **la hausse des prix** au cours des dernières années. Enfin, la pénurie de logements disponibles explique elle aussi l'envolée des prix.

Cette pénurie est alimentée à la fois :

- par ceux qui achètent pour se loger, en particulier les foyers comportant un seul adulte, dont le nombre tend à se multiplier (développement du célibat et augmentation des divorces) ;
- par ceux qui spéculent sur la poursuite de la hausse et visent la plus-value au moment de la revente ;
- par ceux qui achètent pour louer dans un contexte de hausse des loyers.

Peut-on pour autant rester sur ces idées reçues selon lesquelles « la pierre, c'est du solide » ? L'immobilier restera-t-il LE bien patrimonial par excellence, c'est-à-dire synonyme de sûreté et de potentiel de plus-values élevées ?

Krach immobilier, impondérables et risque locatif

Le krach immobilier du début des années 1990 montre que la pierre n'est pas toujours synonyme de placement sûr.

D'où la nécessité de mûrement réfléchir sa décision et d'être **doublement sélectif dans son acquisition** : il s'agit d'acheter en fonction à la fois de la localisation (investir dans une ville où la demande locative est forte) et du bien immobilier lui-même (situation, surface, éléments de confort). Au moment de l'achat de la maison ou de l'appartement, il faut toujours s'interroger sur sa négociabilité future.

De plus, l'immobilier est un secteur où les **impondérables** sont très importants, source selon les cas d'excellentes nouvelles (le terrain devient constructible) ou au contraire de très mauvaises nouvelles (la future autoroute passera à moins de 200 mètres du fond du jardin).

En outre, **recensez tous les frais** que vous êtes amené à payer en tant que propriétaire : gestion de l'immeuble, travaux et gros entretien, taxe foncière, remise en état du logement lors du changement de locataire...

Enfin, le **risque locatif** ne doit, d'évidence, jamais être négligé. Il faut toujours se souvenir que le pouvoir d'achat du propriétaire dépend directement de la solvabilité... et parfois même de l'honnêteté du locataire.

Les effets de levier : rendement, crédit, fiscalité

L'investissement régulier et l'effet de levier

Pour constituer votre patrimoine, deux grands moyens sont possibles :

- **Investir régulièrement au cours du temps.** Il s'agit dans ce cas d'accroître votre épargne de façon progressive, d'accumuler des revenus (intérêts, dividendes, loyers...) et éventuellement de dégager des plus-values au moment de la vente.

  Notez que l'accumulation de votre patrimoine sera permise notamment grâce au « miracle des intérêts composés ». **La construction de votre patrimoine se fait ainsi de façon progressive, pierre par pierre,** par exemple par l'accumulation régulière grâce aux placements programmés (voir chapitre 2).
- **Bénéficier des différents effets de levier.** Ceux-ci permettent de constituer un patrimoine de façon **plus rapide** qu'un investissement régulier au cours du temps. Il s'agira par exemple d'acheter un appartement à crédit pour le louer, les loyers perçus permettant le paiement des intérêts et celui des charges courantes. Ainsi, à l'échéance, l'appartement ne vous aura « rien coûté ».

ZOOM TECHNIQUE

La notion d'effet de levier

La notion d'effet de levier recouvre plusieurs sens.
On sait que dans le domaine boursier, le service à règlement différé (SRD) constitue un effet de levier car il permet d'acheter plusieurs fois le montant des espèces et des titres détenus en portefeuille.
Dans le domaine du financement, ce qu'on nomme effet de levier est lié à l'avantage d'emprunter des capitaux à un coût inférieur au taux de rentabilité dégagé par le placement.
On appelle également effet de levier le gain espéré d'une opération financière par rapport à l'investissement initial.
Enfin, au-delà de ces significations spécifiques, on peut appeler effet de levier tout mécanisme qui accélère le processus d'enrichissement.

On distingue trois types d'effet de levier : le levier par le rendement, le levier par le crédit et le levier par la fiscalité.

Le levier par le rendement

Il provient à la fois du revenu issu du placement et de la plus-value dégagée lors de la revente.

Le levier par le crédit

Le levier par le crédit peut prendre deux formes : l'endettement dans le cadre d'un projet immobilier et la constitution d'une épargne grâce au crédit.

Dans le premier cas, notez l'avantage de l'endettement pour l'acquisition d'un bien immobilier appelé à être loué, si le taux du crédit est inférieur au taux de rentabilité issu de la location.

Dans le second cas, le but est de dégager des revenus suffisants pour payer les intérêts du crédit.

Le mécanisme de l'effet de levier est simple. Il consiste à :

- emprunter ;
- placer la somme empruntée ;
- utiliser sa capacité d'épargne pour rembourser l'emprunt.

Le mécanisme est financièrement très intéressant quand le **taux créditeur** (celui perçu sur le placement) est largement supérieur au **taux débiteur** (celui payé sur le crédit).

ZOOM TECHNIQUE

Effet de levier... et effet de massue !

Il y a effet de levier lorsque le taux du placement est supérieur au taux du crédit, et effet de massue lorsque le taux du placement est inférieur au taux du crédit.

Par exemple, emprunter à 5 % des capitaux qui ne rapporteront que 3 % n'est guère habile puisque cette opération coûte plus qu'elle ne rapporte.

Vous devez donc toujours veiller à emprunter à un taux d'intérêt moins élevé que le taux perçu grâce au placement.

Ces choix en matière d'emprunt et de placement supposent que soient pris en compte les impacts de la **fiscalité**. Quel est l'impôt dû sur les intérêts perçus ? Les intérêts payés sont-ils déductibles fiscalement, et donc source d'économies d'impôt ? Si tel est le cas, l'effet de levier est plus important encore.

Hypothèses	
Taux du placement : 6 % Taux du crédit : 4 % Taux marginal d'imposition : 10 % Donc revenus nets du placement = 6 % *moins* 10 % de 6 % = 5,4 %	
Si les intérêts du crédit ne sont pas déductibles du revenu imposable	Si les intérêts du crédit sont déductibles du revenu imposable
Effet de levier = 5,4 % *moins* 4 % = 1,4 %	Économie d'impôts = 10 % de 4 % = 0,4 % Donc taux du crédit après impact fiscal = 4 % *moins* 0,4 % = 3,6 % Effet de levier = 5,4 % *moins* 3,6 % = 1,8 %

Le levier par la fiscalité

Aux différents **impôts** frappant les revenus de l'activité, les revenus des placements, les plus-values, les dépenses (TVA), le patrimoine (impôt de solidarité sur la fortune), etc. s'ajoutent les **prélèvements sociaux** : contribution sociale généralisée (CSG) de 8,2 %, contribution pour le remboursement de la dette sociale (CRDS) de 0,50 %, prélèvement social de 2 %, contribution additionnelle de 0,30 %, soit un total de 11 %.

Le prélèvement forfaitaire libératoire

Il vous permet de vous acquitter de l'impôt dû sur les produits de divers placements à revenu fixe. Il remplace dans ce cas l'impôt sur le revenu à barème progressif. Il est **forfaitaire** car son taux ne dépend pas de votre revenu global.

Vous pouvez opter pour le prélèvement libératoire ou pour l'intégration dans vos revenus ; vous choisirez de façon logique en fonction de votre taux marginal d'imposition, qui est la tranche la plus élevée de l'impôt sur le revenu auquel vous êtes soumis.

Le taux du prélèvement forfaitaire libératoire est de 16 % sur les intérêts des comptes sur livrets ordinaires, des comptes à terme, des obligations et des OAT, des SICAV et des FCP obligataires et monétaires, des bons de caisse.

Sur les contrats d'assurance-vie :

- retrait avant 4 ans : 35 % ;
- retrait entre 4 et 8 ans : 15 % ;
- retrait après 8 ans : 7,5 %.

L'optimisation fiscale

Chercher — de façon légale, bien sûr ! — à payer le moins possible d'impôts et à bénéficier des subtilités de la législation constitue ce qu'on nomme l'**optimisation fiscale**.

Cette démarche est logique : choisir un schéma financier qui allège le poids de l'impôt **améliore la rentabilité** de l'investissement et permet de ce fait un développement plus rapide du patrimoine.

Le fisc fait-il réellement des cadeaux ?

Nous abordons ici les limites de l'optimisation fiscale. Certains avantages fiscaux ne sont que la contrepartie de contraintes ou de risques. **Les avantages fiscaux accordés gratuitement sont rares !**

L'avantage fiscal peut ainsi compenser une faible rentabilité (exemple de l'investissement Borloo, où le prix de la location est bien inférieur au prix du marché), **ou une prise de risque importante** (exemples des FCPI, fonds communs de placement dans l'innovation, et des FIP, fonds d'investissement de proximité, investis dans des PME non cotées), **ou un inconvénient majeur** (exemple du PERP, dont vous ne pouvez sortir que sous forme de rente et non de capital).

Conclusion : évitez de choisir de façon systématique les placements à fiscalité « privilégiée ». **Une imposition faible ne doit jamais être le premier critère de décision en matière d'investissement.** Vous devez d'abord étudier notamment le niveau de rentabilité, et seulement ensuite choisir entre les différents produits en fonction de la fiscalité qui leur est appliquée.

Les questions à se poser en matière fiscale

1re question : quelle pression fiscale a frappé mon revenu ?

100 € ne sont pas toujours égaux à 100 €. Le coût d'un objet de 100 € est en effet plus ou moins lourd à supporter selon que l'achat a été payé grâce à un revenu fortement imposé ou grâce à un gain au casino !

L'optimisation fiscale consiste donc non seulement à payer le moins possible d'impôts, mais aussi à utiliser les ressources qui ont supporté le moins d'impôts.

2e question : quelles sont les limites de l'optimisation fiscale ?

Les avantages fiscaux ne sont-ils pas que la contrepartie d'inconvénients majeurs ou de risques importants ?

3e question : suis-je sûr de bénéficier pleinement des avantages fiscaux ?

En effet, certains d'entre eux ne sont intéressants que pour les contribuables les plus imposés, donc les plus riches.

4e question : quand dois-je « prendre date » ?

En matière d'imposition, il est souvent indispensable de se décider tôt. Certains produits à fiscalité privilégiée (par exemple assurance-vie, PEA) doivent en effet être ouverts le plus tôt possible, même si on ne peut y placer beaucoup d'argent, afin de disposer à l'échéance d'une épargne défiscalisée.

Endettement et optimisation fiscale

On sait (voir exemple chiffré page 126) que l'optimisation fiscale peut amener à choisir une formule d'endettement dont les intérêts à payer sont déductibles du revenu imposable. Tel est le cas du crédit *in fine* qui, en alourdissant les intérêts déductibles, permet de réduire le montant de l'impôt.

Quelle stratégie d'endettement devez-vous choisir ? Il est financièrement avantageux de payer le maximum d'intérêts déductibles du revenu imposable à une période où le taux marginal d'imposition est élevé, c'est-à-dire pendant la vie active.

Il est par contre financièrement peu pénalisant de payer de faibles montants d'intérêts déductibles du revenu imposable à une période où le taux marginal d'imposition est faible, c'est-à-dire pendant la période de retraite.

Conclusion : il est financièrement avantageux de souscrire un crédit *in fine* remboursable au moment du départ en retraite.

Objectifs	Quand ?		Que faire ?
Payer le maximum d'intérêts déductibles du revenu imposable	Quand le taux marginal d'imposition est élevé	Donc pendant la vie active	Souscrire un crédit *in fine* remboursable au moment du départ en retraite
Payer le minimum d'intérêts déductibles du revenu imposable, voire plus aucun intérêt	Quand le taux marginal d'imposition est faible	Donc pendant la retraite	

Le bouclier fiscal

Les contribuables dont l'**impôt sur le revenu** payé en 2006, l'**ISF** et les **impôts locaux de la résidence principale** dépassent **60 % des revenus** peuvent, dès 2007, faire valoir auprès de l'État un droit à restitution.

Notez que ce plafond de 60 % n'en est pas vraiment un dans la mesure où les prélèvements sociaux – dont le total s'élève à 11 % – ne sont pris en compte dans le calcul. **Le plafond s'élève ainsi en fait à 71 %.**

Conclusion

Vous connaissez les principaux outils permettant de constituer votre patrimoine. Il s'agit maintenant de le **développer rapidement** pour progresser au plus vite vers la richesse.

Chapitre 6

Développer rapidement son patrimoine

L'essentiel

1. **Faites évoluer votre patrimoine en permanence.**
2. **Avant 35 ans : posez les premières pierres de votre patrimoine, puis optez rapidement pour une gestion dynamique.**
3. **De 35 à 55 ans : diversifiez progressivement votre patrimoine et orientez-vous vers une gestion équilibrée.**
4. **À partir de 55 ans : faites évoluer votre patrimoine vers plus de sécurité.**
5. **Soyez toujours à l'affût des aubaines.**

Faites évoluer votre patrimoine en permanence

Trois périodes de la vie et trois structures de patrimoine

S'il est évidemment prudent de **diversifier ses placements** (autrement dit, pour reprendre une expression bien connue, de « ne pas mettre tous ses œufs dans le même panier »), cette diversification doit varier selon l'âge.

En matière de patrimoine, on peut distinguer **trois périodes**, dont les besoins sont différents : avant 35 ans, de 35 à 55 ans, à partir de 55 ans.

Avant 35 ans	De 35 à 55 ans	À partir de 55 ans
Phase de **démarrage** et de **constitution** de votre patrimoine	Phase de **croissance** de votre patrimoine	Phase de **consolidation** de votre patrimoine

À chacune de ces phases correspondent des structures de patrimoine différentes, auxquelles correspondent des types de placement différents.

Dominante DYNAMIQUE	Dominante ÉQUILIBRE	Dominante SÉCURITÉ
Posez les premières pierres de votre patrimoine, puis optez rapidement pour une gestion dynamique Dans un premier temps constituez une épargne de précaution Puis rapidement investissez en actions	**Diversifiez progressivement votre patrimoine et orientez-vous vers une gestion équilibrée** Obligations Immobilier Assurance-vie Préparez votre retraite durant votre vie active et constituez-vous une épargne retraite	**Faites évoluer votre patrimoine vers plus de sécurité** Liquidités Fonds garantis Obligations Immobilier Assurance-vie Épargne retraite

Placements « classiques » et placements risqués

À côté des placements « classiques » existent des placements particulièrement risqués, qui ne peuvent donc donner lieu qu'à des **« coups de folie » passagers et limités :** œuvres d'art, bijoux anciens, métaux précieux, matières premières. Tel est également le cas de produits boursiers à hauts risques (*warrants*, *trackers*, certificats...) qui supposent une très bonne connaissance de leurs mécanismes. Ces placements sont en effet l'objet de **fortes spéculations** et peuvent voir leur valeur s'effondrer rapidement.

S'y ajoute enfin l'or, longtemps valeur refuge des Français, mais aujourd'hui largement délaissé.

La plus grande prudence s'impose donc en matière de placement vers ces produits risqués (voir plus loin dans ce chapitre).

Les critères de choix en matière de placement

Pour choisir parmi les différents produits de placement, sept critères peuvent être utilisés.

Le niveau du revenu perçu	
Intérêts : rémunération versée au titulaire d'un compte bancaire ou d'une obligation. Les intérêts versés au détenteur d'une obligation sont également appelés « coupons »	Dépendent à la fois du taux de l'argent et du risque couru par le prêteur
Dividendes : rémunération versée à l'actionnaire grâce aux bénéfices réalisés par la société. Ils sont eux aussi parfois appelés « coupons »	Dépendent des résultats de l'entreprise et de la politique de distribution des dividendes
Loyers : rémunération versée au propriétaire d'un bien immobilier (appartement, maison) donné en location	Dépendent des caractéristiques du bien loué et de la pénurie de logements
À ces revenus réguliers peuvent s'ajouter les **plus-values** réalisées lors de la vente, égales à la différence entre le prix de vente et le prix d'achat.	

Le rendement après impôt
Certains produits sont totalement exonérés d'impôts, d'autres bénéficient d'une fiscalité allégée, d'autres enfin sont soumis à l'ensemble des prélèvements fiscaux et sociaux. D'où l'importance de l'« optimisation fiscale ».

Le potentiel de plus-value
Le potentiel de plus-value est plus élevé pour les actions et pour les biens immobiliers. En contrepartie, il existe un potentiel de perte qui peut être lui aussi important, spécialement dans le cas où les cours et les prix ont au préalable fortement augmenté.

Le degré de liquidité

La liquidité traduit la facilité de vendre le bien (ex. : actions, appartement...) ou de retirer une partie des sommes placées en banque sans subir des pertes importantes.

La durée du placement

Divers placements supposent une période d'immobilisation minimale afin de générer des revenus élevés.

L'ampleur du risque

Il existe un lien étroit entre le rendement et le niveau du risque : des revenus élevés s'accompagnent en général de risques élevés.

La facilité de gestion

Quelles sont les connaissances nécessaires pour gérer au mieux son épargne ?

Quel temps faut-il y consacrer au minimum chaque mois ? chaque semaine ? chaque jour ? Ainsi, par exemple, les investissements boursiers supposent un suivi quasi quotidien des cours afin de décider au meilleur moment d'acheter ou de vendre.

Témoignage

Il faut toujours prendre son temps pour choisir ses placements

« Dans le domaine financier comme dans les autres domaines, il faut "savoir faire son marché" et comparer les différentes propositions.

« Il ne faut jamais décider à la légère : décider d'un placement est plus important que de choisir un nouveau téléviseur ou un nouvel agencement de la cuisine. Or, y consacre-t-on davantage de temps ? Ce n'est pas certain ! Pourtant, les risques de perdre beaucoup d'argent sont beaucoup plus élevés.

« Ainsi, mon épouse et moi-même prenons réellement le temps d'étudier les caractéristiques, c'est-à-dire les avantages et les inconvénients, de chaque produit financier avant de choisir, car les contenus des offres peuvent être très différents les uns des autres. On a donc tout intérêt à bien étudier les offres. C'est une question de bon sens ; et, en matière financière, le bon sens, c'est essentiel. »

Jean-Claude Marlin, Beauvais

Avant 35 ans : posez les premières pierres de votre patrimoine, puis optez rapidement pour une gestion dynamique

Posez les premières pierres de votre patrimoine : constituez une épargne de précaution

L'épargne de précaution est **l'épargne immédiatement disponible**. Elle permet ainsi de faire face à tout imprévu. Elle se caractérise par une disponibilité totale des fonds puisque vous pouvez retirer à tout moment et sans frais les sommes placées.

Constituent des produits d'épargne de précaution : les livrets et les produits réglementés, les comptes dépôts rémunérés, les comptes spéciaux d'épargne, les autres livrets bancaires et les « super livrets », les comptes à terme ainsi que des produits tels les billets de trésorerie et les bons de caisse.

Les livrets et produits réglementés

Leur taux de rémunération, leurs conditions de souscription et le plafond des dépôts sont étroitement encadrés par la loi.

Tel est le cas du Livret A, du Codevi, du Livret Bleu, du Livret Jeunes, du Livret d'épargne populaire.

La rémunération de la plupart de ces produits est modeste. Elle est souvent inférieure à l'inflation et se traduit donc par une baisse de votre pouvoir d'achat. Mais ces produits offrent des avantages fiscaux intéressants (**ni impôt sur le revenu ni prélèvements sociaux**). Enfin, autre avantage, **les risques de perte en capital sont nuls**.

Les comptes dépôts rémunérés

Rappelons que le taux de rémunération est **en général très faible** et que la banque facture en contrepartie divers services (principalement l'émission de chèques).

Les comptes spéciaux d'épargne

Il s'agit du plan d'épargne logement (PEL) et du compte épargne logement (CEL).

Le **plan d'épargne logement** permet dans un premier temps, grâce à des versements mensuels, de constituer un capital défiscalisé, et dans un second temps d'obtenir un crédit à des taux avantageux pour acheter ou rénover un logement. Sur le plan fiscal, les intérêts des douze premières années sont exonérés d'impôt sur le revenu ; ensuite ces intérêts sont à votre choix, soit soumis au prélèvement libératoire de 16 %, soit intégrés dans votre déclaration de revenus.

Le **compte épargne logement** est un produit d'épargne disponible qui permet d'obtenir un financement aidé par l'Etat. En cas d'obtention du prêt pour acquérir, construire ou rénover son logement, une prime de l'Etat est versée. Les intérêts du compte épargne logement sont exonérés de l'impôt sur le revenu, mais supportent les prélèvements sociaux de 11 %.

Les livrets bancaires et les « super livrets »

Leur rémunération et leur montant maximal sont totalement libres. Les intérêts sur ces livrets non réglementés supportent le prélèvement libératoire de 16 % auquel s'ajoutent les prélèvements sociaux, soit un total de 27 %.

Ces « super livrets » offrent souvent des promotions sous forme de rémunérations très attractives pour des périodes limitées dans le temps. Dans ce cas, bénéficiez de ces offres... mais soyez vigilants quant au taux d'intérêt versé après la période de promotion : après impôt, est-il ou non supérieur à celui du Livret A ?

Les comptes à terme

Ce sont des placements dont la rémunération, garantie à la souscription, dépend à la fois du montant versé et de la durée du dépôt (d'un mois à deux ans, ou plus). Les sorties anticipées, c'est-à-dire avant l'échéance prévue, donnent lieu à une diminution des intérêts versés.

Les billets de trésorerie

Ils sont émis par de grandes sociétés. Leur durée peut varier de quelques jours à quelques semaines. Leur montant est très élevé, ce qui exclut les épargnants les plus modestes. De plus, autre inconvénient, le risque de non-remboursement peut être élevé selon la société emprunteuse.

Les bons de caisse

Ils sont émis par les banques, en général pour des montants élevés (à partir de 1 000 €). En contrepartie de son placement, l'épargnant reçoit un « bon » par lequel la banque reconnaît sa dette et s'engage à rembourser à la date d'échéance le montant prêté, augmenté des intérêts. Ceux-ci sont progressifs : plus le bon est conservé longtemps, plus le taux d'intérêt est élevé.

Alors que les comptes à terme sont accessibles à tous, les billets de trésorerie et les bons de caisse concernent plutôt des épargnants qui disposent déjà de fonds importants.

Optez rapidement pour une gestion dynamique

Dans ce cadre, il s'agit de vous orienter vers des investissements en **actions**. Comme on le sait (voir chapitre 5), le cours des actions peut fluctuer de façon importante, et **les possibilités de gain... mais aussi bien sûr de perte peuvent être très élevées**. Ainsi une gestion prudente de votre portefeuille est indispensable.

Comment constituer votre portefeuille d'actions ?

Trois solutions possibles :

- soit gérer vous-même votre patrimoine ;
- soit en confier la gestion à des spécialistes ;
- soit acheter des titres d'OPCVM.

Vous gérez vous-même votre patrimoine. Dans ce cas, vous décidez seul de vos ordres d'achat et de vente, l'intermédiaire n'étant qu'un simple « exécutant ». On parle alors de gestion personnelle.

Notez que l'intermédiaire peut être un banquier, une société d'investissement, une compagnie d'assurances ou un intermédiaire sur Internet (*e-broker*).

La gestion personnelle suppose un suivi régulier de son portefeuille : comment évoluent les cours des actions détenues ? Quelles sont les actions qu'il serait bon de vendre et celles qu'il serait bon d'acheter ?

Ce suivi suppose d'**y consacrer un temps suffisant chaque jour**. D'où l'intérêt de se limiter à quelques valeurs que vous suivrez avec attention.

Vous confiez la gestion de votre patrimoine à des spécialistes. Deux solutions sont possibles :

- ou bien l'intermédiaire vous **conseille** et vous prenez seul vos décisions. On parle dans ce cas de **gestion assistée** ou **conseillée** ;
- ou bien l'intermédiaire reçoit **mandat de gérer vos fonds** avec des objectifs précis. On parle dans ce cas de **gestion déléguée**.

Vous achetez des titres d'OPCVM (SICAV et FCP). Comme on le sait, ce choix permet de **répartir les risques** et de bénéficier d'une **gestion assurée par des spécialistes** (voir chapitre 5).

Faut-il ou non ouvrir un PEA (plan d'épargne en actions) ?

Le PEA permet d'investir au maximum 132 000 € en Bourse en franchise d'impôt, en contrepartie d'une indisponibilité des fonds pendant 5 ans. Le PEA est composé d'un **compte en espèces** sur lequel sont versées les liquidités et d'un **compte titres** sur lequel sont effectuées les opérations d'achat et de vente d'**actions françaises et européennes**.

En l'absence de retrait les dividendes sont exonérés d'impôt sur le revenu et vous bénéficiez du crédit d'impôt applicable aux dividendes des actions (voir page 141).

En cas de retrait avant 5 ans, votre plan est fermé et l'ensemble des gains réalisés depuis son ouverture est imposable. Le taux de l'impôt est de 22,5 % si le retrait a lieu avant 2 ans ; il est de 16 % si le retrait a lieu après 2 ans mais avant 5 ans. Vous devez en plus payer les prélèvements sociaux.

En cas de retrait après 5 ans, vos gains échappent à l'impôt sur le revenu, mais supportent les prélèvements sociaux.

Au-delà de 8 ans, vous pouvez effectuer des retraits sans clôturer votre PEA. Par contre les versements ne sont plus possibles.

Ouvrez un PEA le plus tôt possible pour « prendre date » et bénéficier des avantages fiscaux.

Le PEA est également un outil attractif de préparation à la retraite. En effet, à partir du 8e anniversaire du plan, vous pouvez :

- soit liquider progressivement le capital acquis ;
- soit opter pour une rente, donc un revenu régulier.

Ces choix sont neutres sur le plan fiscal : ils se traduisent en effet par une exonération d'impôt, mais donnent lieu aux prélèvements sociaux.

La fiscalité des actions

L'imposition des dividendes. Les dividendes sont imposés sur la moitié de leur montant.

Est instauré un **crédit d'impôt** représentant la moitié du dividende imposable (donc le quart du dividende perçu). Ce crédit d'impôt est plafonné à 115 € pour une personne seule et à 230 € pour un couple.

Un **abattement** est appliqué sur les premiers euros de dividendes (1 220 € pour une personne seule et 2 440 € pour un couple). Ces sommes ne sont pas soumises à l'impôt sur le revenu, mais supportent les prélèvements sociaux.

L'imposition des plus-values. Quand le montant annuel de vos ventes dépasse **15 000 €**, les plus-values réalisées sont imposées au taux de 16 % (auquel s'ajoutent les prélèvements sociaux de 11 %) après un abattement de 1 525 € pour une personne seule et de 3 050 € pour un couple.

Les plus-values sont calculées par **différence entre le prix d'achat et le prix de vente**. Pour calculer le montant de vos plus-values taxables, vous devez **compenser les gains et les pertes** :

- si un gain net apparaît, c'est ce gain qui est taxable ;
- si une perte nette apparaît, vous ne serez pas taxé et vous pourrez imputer cette perte sur les plus-values réalisées au cours des dix années suivantes.

Notez que **les plus-values sont imposables dès le 1er euro** et non sur la différence entre le montant de vos ventes et 15 000 €.

De 35 à 55 ans : diversifiez progressivement votre patrimoine et orientez-vous vers une gestion équilibrée

Ces objectifs passent par des investissements en **obligations**, **immobilier** et **assurance-vie**. Ils supposent également le développement de l'**épargne salariale** et la constitution progressive d'une **épargne retraite**.

Précisons que l'assurance-vie et l'immobilier constituent les deux formes de placement jugées par les Français comme étant les valeurs les plus sûres en matière de constitution de patrimoine.

Les obligations

Rappelons que les obligations constituent **un placement moins risqué que les actions**, mais en contrepartie **les possibilités de plus-values sont très limitées**.

La fiscalité des obligations

Les intérêts échappent à la progressivité de l'impôt sur le revenu car vous pouvez opter pour le **prélèvement forfaitaire libératoire** au taux de 16 %, auquel s'ajoutent les prélèvements sociaux de 11 %.

L'investissement immobilier

■ Quelques conseils pour investir dans l'immobilier

On a noté au chapitre 4 l'avantage d'**être le plus rapidement possible propriétaire de votre logement**.

Après l'achat de votre résidence principale, il peut être financièrement intéressant d'opter pour l'**investissement locatif**, qui consiste à acheter un bien immobilier pour le mettre en location. On parle dans ce cas d'**immobilier de rapport**. Par le biais des loyers perçus, l'immobilier de rapport vous permet en effet d'obtenir un supplément de revenus régulier avec un rendement relativement élevé par rapport aux autres types de placement. Il constitue également un patrimoine qu'il est toujours possible de céder, souvent avec une plus-value élevée, en cas de nécessité.

Rappelons qu'il peut être avantageux de **financer l'achat du bien immobilier par le biais d'un crédit** : il s'agit dans ce cas d'emprunter une somme telle que les intérêts du crédit et les charges courantes du bien soient couvertes par les loyers perçus, rendant ainsi le revenu imposable égal à zéro.

En matière d'immobilier locatif, il ne faut jamais oublier que le revenu du propriétaire est lié à la **solvabilité**... et même à **l'honnêteté de son locataire**. L'éventualité du retard de paiement des loyers, voire de la défaillance du locataire, ainsi que les difficultés juridiques pour mettre fin à la location, ne peuvent être passées sous silence.

Notez enfin que, pour analyser l'avantage financier de l'immobilier locatif, et donc décider ou non d'acheter pour louer, il peut être prudent de **minorer l'estimation des loyers futurs** en prenant en compte d'éventuelles périodes de non-location.

■ La fiscalité des revenus immobiliers

Les intérêts payés sur le crédit qui a permis d'acheter le bien immobilier mis en location peuvent être déduits du montant des loyers perçus. L'opération est donc fiscalement avantageuse.

Pour les **logements neufs**, vous pouvez choisir entre le « Robien recentré » et le « Borloo populaire ».

Le « **Robien recentré** » est une adaptation du régime antérieur (appelé « dispositif de Robien »). Il permet de **déduire de ses revenus de location une partie du prix de revient de son acquisition**. La déduction est possible à raison de 6 % pendant les sept premières années et de 4 % les deux années suivantes. **À l'issue de cette période de 9 ans, vous pouvez donc amortir 50 % du prix d'achat.** En contrepartie, le loyer est plafonné : il doit être inférieur de 10 % au prix du marché.

Le « **Borloo populaire** » prévoit pendant les neuf premières années les mêmes règles que le « Robien recentré ». Au-delà de ces 9 ans, un amortissement supplémentaire de 15 % est possible, à raison de 2,5 % par an pendant 6 ans. À cette faculté d'**amortir 65 %** de la valeur du logement pendant 15 ans s'ajoute un autre avantage fiscal : vous bénéficiez d'une **déduction forfaitaire de 30 % sur vos revenus locatifs**. En contrepartie, le loyer doit être inférieur de 30 % au prix du marché et les logements doivent être loués à des locataires aux revenus modestes.

La fiscalité des plus-values immobilières

Les plus-values sont égales à la différence entre le prix de vente et le prix d'achat d'un bien immobilier ou de parts de société civile immobilière.

Pour le calcul des plus-values, des **abattements** — correspondant à des **coefficients d'inflation** — sont appliqués au prix d'achat. L'abattement est de 10 % par année de détention au-delà de la cinquième. **La plus-value est donc exonérée d'impôt au bout de 15 ans.**

Est également exonérée la plus-value réalisée lors de la vente de la résidence principale.

Les plus-values sont taxées au taux de 16 %, auxquels s'ajoutent les prélèvements sociaux de 11 %.

L'assurance-vie

L'assurance-vie offre des avantages fiscaux très importants et permet d'organiser au mieux sa succession.

La fiscalité des produits de l'assurance-vie

En l'absence de retrait, les produits sont exonérés d'impôt sur le revenu mais supportent les prélèvements sociaux de 11 %.

En cas de retrait (« rachat ») avant 8 ans, même partiel, les produits sont soumis à l'impôt sur le revenu. Mais vous pouvez opter pour le prélèvement forfaitaire libératoire ; celui-ci est de 35 % quand le retrait intervient avant 4 ans ou de 15 % quand il intervient entre 4 et 8 ans. Pour un contrat en unités de compte (voir page 122) vous devez en plus payer les prélèvements sociaux de 11 %.

En cas de retrait (« rachat ») après 8 ans, même partiel, les produits imposables bénéficient d'un abattement de 4 600 € pour une personne seule ou de 9 200 € pour un couple. Ils sont soumis à l'impôt sur le revenu. Mais vous pouvez opter pour le prélèvement forfaitaire libératoire de 7,5 %. Pour un contrat en unités de compte, vous devez en plus payer les prélèvements sociaux de 11 %.

La fiscalité en cas de succession

L'avantage fiscal de l'assurance-vie est particulièrement important puisque les sommes transmises aux personnes nommément désignées **échappent à tout impôt à hauteur de 152 500 € par bénéficiaire.**

Au-delà de ce montant, un **impôt forfaitaire de 20 %** est dû... taux très avantageux comparé à la tranche la plus élevée des droits de succession ou à celle appliquée à des non-parents. **L'assurance-vie est donc très intéressante pour protéger ses héritiers ou d'autres proches. Ainsi, si vous commencez à détenir des capitaux importants, ouvrez plusieurs contrats d'assurance-vie** ; vous optimiserez de la sorte votre succession.

Notez que, pour les versements effectués après 70 ans, l'exonération de droits est limitée à 30 500 € ; mais la fiscalité de l'assurance-vie reste avantageuse.

L'épargne salariale. Le PEE (plan d'épargne d'entreprise)

L'épargne salariale est constituée grâce notamment aux montants distribués aux salariés en fonction des performances de leur entreprise. Ces montants sont issus de l'intéressement et de la participation.

■ L'intéressement et la participation

L'intéressement est un système collectif facultatif qui permet aux salariés de bénéficier des performances économiques de leur entreprise. Son montant dépend de l'atteinte d'objectifs préalablement définis avec les partenaires sociaux.

La participation est un système collectif obligatoire pour les entreprises de 50 salariés et plus, qui permet de distribuer une partie des bénéfices réalisés.

■ Le plan d'épargne entreprise

Le PEE est un système d'épargne collectif qui **permet aux salariés de se constituer, en général avec le concours de leur employeur, une épargne investie en valeurs mobilières**, dans un cadre fiscal favorable et en échange d'un blocage de cette épargne pendant une période de 5 ans, sauf cas spécifiques qui permettent une sortie anticipée.

Les cas de sortie anticipée sont les suivants : mariage ou conclusion d'un PACS, achat ou agrandissement de la résidence principale, naissance ou adoption d'un enfant (à partir du troisième), divorce, séparation ou dissolution d'un PACS (avec garde d'un enfant), cessation du contrat de travail, invalidité ou décès du bénéficiaire ou de son conjoint, création ou reprise d'une entreprise par le bénéficiaire ou par son conjoint, surendettement.

Notez que le délai de 5 ans est décompté à partir de chaque versement.

Les investissements dans le cadre du PEE peuvent être réalisés :

- **directement en actions de l'entreprise** ;
- en **actions d'autres sociétés** ;
- en **SICAV d'actionnariat salarié** ;
- en **fonds communs de placement d'entreprise** (FCPE).

Le FCPE est un fonds copropriétaire de valeurs mobilières géré par une société de gestion. Il peut être investi en titres cotés selon des règles de division des risques, en SICAV ou en fonds communs de placement eux-mêmes investis en titres cotés. Le FCPE peut aussi être majoritairement investi en actions de l'entreprise ; dans ce cas, le caractère diversifié du fonds est fortement réduit.

Le PEE est constitué des montants issus :

- de l'intéressement ;
- de la participation ;
- de versements volontaires du salarié (qui ne peuvent excéder le quart de sa rémunération brute annuelle) ;
- de l'abondement distribué par l'entreprise, qui est un bonus qui complète l'effort d'épargne personnelle du salarié.

Notez que le **plan d'épargne interentreprise** (PEI) est un plan d'épargne proposé par plusieurs PME regroupées au niveau local ou au niveau d'une branche.

La fiscalité du PEE

Pendant toute la durée du placement, les fonds fructifient en dehors de toute imposition.

La **prime d'intéressement** est exonérée des charges sociales salariales et patronales mais supporte les prélèvements sociaux de 11 %. Si le salarié place son intéressement sur son PEE, la prime est exonérée d'impôt sur le revenu ; mais tel n'est pas le cas si elle est encaissée immédiatement.

La **participation** est exonérée des charges sociales salariales et patronales mais supporte les prélèvements sociaux. Elle est exonérée d'impôt sur le revenu.

Les **plus-values** sont exonérées d'impôt mais supportent les prélèvements sociaux.

Enfin, l'**abondement** échappe à l'impôt sur le revenu et aux charges sociales salariales et patronales, mais supporte les prélèvements sociaux.

À la fin de la période de 5 ans pendant laquelle le PEE est bloqué, les sommes accumulées sont récupérables **en franchise d'impôt** ; seuls les prélèvements sociaux sont dus. **Le PEE est donc un excellent instrument d'épargne à moyen terme, voire à long terme**, car il est possible de laisser son épargne fructifier plus longtemps.

■ Conseils en matière d'épargne salariale

L'actionnariat salarié ne doit pas se faire au détriment de la nécessaire diversification des risques.

Or, est-ce toujours le cas ? Non. En effet, malgré l'ensemble des avantages qui y sont attachés (fiscalité, abondement...), se constituer une épargne salariale peut limiter les possibilités de répartir les risques, spécialement si l'investissement se fait en **actions de l'entreprise**. L'épargne accumulée est dans ce cas fortement dépendante de l'évolution des cours d'une seule entreprise.

Les exemples sont nombreux de chutes importantes des cours qui ont contribué à faire fondre l'épargne de salariés trop confiants dans les performances boursières de leur employeur.

Si l'épargne salariale est investie uniquement en actions de l'entreprise, le salarié actionnaire est dans une situation de **double dépendance vis-à-vis de son entreprise** :

- **en tant que salarié** : risque de perte de son emploi ;
- **en tant qu'actionnaire** : risque de forte baisse de la valeur de son portefeuille.

Il vous est fortement déconseillé d'investir plus de 10 % ou 15 % de votre épargne salariale en actions de votre propre entreprise. Au-delà, la diversification est jugée insuffisante et les risques de perte trop élevés.

L'épargne retraite

La difficulté de garantir votre niveau de vie en tant que retraité

Préparer votre retraite pendant votre vie active est impératif compte tenu de la **dégradation programmée des régimes de retraite**. Cette dégradation, liée à l'évolution démographique (allongement de la durée de vie et déséquilibre croissant entre les cotisants et les retraités), impose un **effort d'épargne personnel**, donc des choix judicieux en matière de placement.

Ce qu'on nomme le **taux de remplacement** baissera en effet inéluctablement dans les années à venir, rendant particulièrement difficile le maintien du niveau de vie du retraité.

ZOOM TECHNIQUE

Le taux de remplacement

Il est égal à :

$$\frac{\text{Montant de votre dernier salaire}}{\text{Montant de votre première pension de retraite}}$$

Diverses études montrent que, dans les années à venir, le montant de votre retraite se situera **entre 50 % et 60 % du dernier salaire d'activité** ; ce qui implique la nécessité de compléter votre pension par une épargne privée correctement rémunérée. Et cela au plus vite.

Quel effort d'épargne devriez-vous faire ?

Il dépend de l'âge auquel vous constituez votre épargne en vue de votre retraite.

Voici l'épargne à constituer chaque mois pour obtenir, à partir de 60 ans, une rente mensuelle de 150 €.

Vous avez	Épargne mensuelle à constituer
30 ans	65 €
35 ans	90 €
40 ans	125 €
45 ans	185 €
50 ans	310 €
55 ans	690 €

On voit qu'il est **indispensable de préparer sa retraite très tôt**. En effet, grâce à des placements réguliers et judicieux, les montants accumulés pourront être importants. Faute de quoi, le niveau de vie du retraité risque d'être particulièrement modeste. **Néanmoins, la marge d'incertitude est d'autant plus grande que votre période d'épargne est longue : qui peut savoir ce que vous permettront d'acheter 150 € dans 30 ou 40 ans ?**

À partir de 55 ans : faites évoluer votre patrimoine vers plus de sécurité

Cette évolution est tout à fait logique. En effet :

- **Plus vous êtes jeune, plus vous pouvez prendre de risques** : vous avez le temps de vous rétablir après des choix qui seraient peu rentables. D'où l'importance des actions dans le patrimoine des moins de 35 ans.
- **Plus vous avancez en âge, plus vous devez sécuriser votre patrimoine et vos revenus.** D'où la part croissante des obligations, de l'immobilier, des liquidités et de divers fonds garantis. D'où également l'importance des produits spécifiques de l'épargne retraite. D'où, de façon générale, la nécessité de diversifier vos placements et de gérer prudemment votre patrimoine.

Connaissez les risques

En matière de placement, trois types de risques existent :

- **le risque de perte en capital** : baisse de la valeur des actions, baisse du prix du bien immobilier... ;
- **le risque de perte en rendement** : placement à taux fixe dans une période de forte inflation... ;
- **le risque de faible liquidité** : rappelons qu'une faible liquidité se traduit par la difficulté de revendre le bien acheté (exemple des actions qui donnent lieu à de très faibles volumes d'achats et de ventes).

Bien évidemment, l'importance de ces risques et leur impact sur votre patrimoine sont d'autant plus grands que vos placements sont peu diversifiés.

Diversifiez vos placements

Diversifier ses placements permet de répartir les risques et donc de diminuer le risque global.

Mais une trop grande diversification peut être synonyme de mauvaise gestion. Une multitude de petits placements est en effet difficile à gérer, coûte cher et ne permet pas de réaliser des gains importants puisque les montants investis sont individuellement très faibles ; ils ne sont donc pas susceptibles de générer des plus-values élevées.

La diversification s'impose particulièrement en matière boursière, les cours, surtout ceux des actions, étant susceptibles, comme vous le savez, de fluctuer de façon importante et rapide. L'investissement en Bourse pouvant être source de gains élevés, mais aussi de pertes mémorables, il est souhaitable de composer votre portefeuille **à la fois d'actions, d'obligations et de supports monétaires**. En matière d'actions, et bien que les montants investis puissent être modestes, vous veillerez à diversifier les **secteurs d'activité** (banques, assurances, pétrole, métallurgie, agroalimentaire, automobile, électronique, produits de grande consommation, santé et pharmacie, tourisme et hôtellerie, immobilier, services, etc.).

Rappelons enfin qu'un des moyens de diversifier votre portefeuille consiste non pas à acheter des actions en direct, mais à acquérir des titres de **SICAV** ou de **FCP**.

Optez pour la prudence

Veillez à ne pas vous laisser influencer par les secteurs « à la mode » susceptibles de faire naître des plus-values importantes, mais qui peuvent aussi s'avérer ruineux. Tel a été par exemple le cas du secteur de l'informatique et des nouvelles technologies dont les cours se sont effondrés en 2000 (phénomène de l'« éclatement de la bulle Internet »). Veillez à ne pas suivre aveuglément les tendances du marché... c'est-à-dire acheter quand tout le monde achète (donc en période de hausse des cours) et vendre quand tout le monde vend (donc en période de baisse des cours).

Méfiez-vous des hausses importantes déjà enregistrées. Comme le dit un célèbre proverbe boursier : « Les arbres ne montent pas jusqu'au ciel », ce qui signifie que les cours ne peuvent pas progresser indéfiniment. Il faut être d'autant plus vigilant en cas de hausses continues que celles-ci peuvent être suivies de chutes catastrophiques ! Rappelons par exemple qu'entre 2001 et 2002, les actions françaises ont perdu la moitié de leur valeur.

Méfiez-vous enfin des valeurs « très en vue » en liaison avec la politique médiatique de leur président, plus présent dans les médias que dans son entreprise car avant tout soucieux de sa propre image et de son ego. L'expérience montre que la flambée des cours de ce type de sociétés est éphémère, et donc source de désillusions et de pertes financières.

Suivez attentivement votre portefeuille titres

Si l'investissement en Bourse n'est pas réservé aux initiés, **prenez toujours le temps de vous informer** grâce à la presse, qui peut conseiller et mettre en garde contre certains investissements. Même si, d'évidence, les journalistes et les « spécialistes » ne sont pas infaillibles, **être à l'écoute du marché** est indispensable.

De plus, les « **avertissements sur les résultats** » (*profit warnings*) énoncés par les agences de notation constituent autant de signaux d'alerte quant au risque de dégradation à venir des résultats, à la rentabilité, voire à la solvabilité de l'entreprise. Dans ce cas, redoublez de vigilance, et suivez au jour le jour l'évolution des cours.

Investissez dans une optique à moyen terme

L'argent investi en actions ne doit pas correspondre à des sommes dont vous pouvez avoir besoin à court terme. Il est en effet exclu de devoir vendre vos actions en catastrophe, donc peut-être au pire moment, quand les cours sont les plus bas, pour faire face à un besoin urgent d'argent liquide.

Inversement, vous devez **conserver suffisamment de liquidités pour profiter des opportunités**, c'est-à-dire pour investir rapidement dans des actions dont les cours sont anormalement bas ou pour faire face à des imprévus.

Ce qu'il faut faire et ne pas faire en Bourse

- **Diversifier vos placements** : à la fois en titres (actions, obligations, SICAV, FCP) et en secteurs d'activité.
- Vous souvenir que **les placements en actions sont toujours plus risqués** que les placements en obligations, mais qu'ils peuvent, en contrepartie, offrir des **plus-values élevées**.
- **Vous méfier des secteurs et des entreprises « à la mode ».**
- **Vous méfier des secteurs et des entreprises dont les cours ont monté de façon très importante et rapide.**
- Toujours vous tenir au courant de la vie des sociétés... spécialement quand elles vont mal, et **suivre au jour le jour l'évolution des cours** des actions achetées et de celles que vous envisagez d'acheter.
- **Ne pas investir en Bourse des sommes dont vous êtes susceptible d'avoir besoin rapidement.**
- **Toujours conserver une part d'épargne liquide** pour faire face à des imprévus ou profiter d'opportunités.

Investissez en fonds garantis

On distingue trois types de fonds :

- **les fonds d'investissement garantis** : ils assurent 100 % du capital investi et une rémunération fixée à l'avance ;
- **les fonds à formule** : il s'agit de produits indexés sur les performances boursières avec ou sans garantie du capital ;
- **les fonds profilés** : ils permettent à l'épargnant de choisir son mode de gestion, ou « profil » (dynamique, équilibré ou de sécurité).

La préparation de votre retraite. Le PERP (plan d'épargne retraite populaire)

L'essentiel à connaître

Le PERP, instauré par la loi Fillon du 21 août 2003, est un contrat destiné à recueillir une épargne individuelle en prévision de la retraite. C'est **un placement dédié à la retraite, à l'exclusion de tout autre objectif** (transmission d'un patrimoine, constitution d'une épargne de précaution).

ZOOM TECHNIQUE

La distinction entre capital et rente

Une épargne récupérée sous forme de **capital** permet à l'épargnant de percevoir **en une seule fois** le montant total accumulé au cours des années.

Au contraire, une épargne récupérée sous forme de **rente** donne lieu à des **versements périodiques de revenus**.

Quels sont les avantages et les inconvénients de chaque formule ?

Le capital. Avantage : les héritiers perçoivent tout l'argent qui n'a pas été consommé. Inconvénient : le capital peut être rapidement épuisé s'il est modeste... ou si le retraité vit longtemps !

La rente. Avantage : elle est versée jusqu'au décès, quel que soit le moment où il se produit. Inconvénient : en cas de décès, les sommes non perçues sont perdues pour les héritiers.

À la sortie, c'est-à-dire au moment de la retraite — et pas avant —, **votre épargne placée sur le PERP ne peut être récupérée que sous forme de rente** et non sous forme de capital. Ainsi, contrairement par exemple à ce que permet l'assurance-vie, vous ne pouvez à aucun moment envisager de récupérer votre apport, sauf possibilité de sortie anticipée.

La sortie anticipée par versement d'un capital ou d'une rente est possible dans des cas exceptionnels : décès du conjoint, invalidité, expiration des droits au chômage en cas de licenciement, liquidation d'entreprise pour un non-salarié. Une **sortie anticipée en capital** est également possible **pour l'acquisition d'une première résidence principale.**

À propos du PERP on parle fréquemment de « **double tunnel** » : **votre épargne est bloquée jusqu'à votre retraite et la sortie se fait en rente viagère.**

Autre point important : en cas de décès du titulaire avant sa retraite, aucun de ses proches ne pourra récupérer sous forme d'un capital l'épargne accumulée : seule une rente pourra être versée.

La gestion du PERP est strictement encadrée : ainsi, pour des raisons de sécurité, la part des obligations est fixée à 40 % minimum entre 10 et 20 ans avant le départ à la retraite, à 65 % entre 5 et 10 ans, à 85 % entre 2 et 5 ans et à 90 % 2 ans avant le départ.

■ Devez-vous ou non ouvrir un PERP ?

L'épargne étant bloquée jusqu'à la retraite, **le PERP s'adresse à des épargnants qui disposent de placements liquides facilement disponibles en cas de besoin.**

Puisqu'au moment de la retraite, seule une rente est versée, votre objectif ne peut être que la **perception régulière de revenus** et non l'acquisition par exemple d'un bien immobilier grâce à l'épargne accumulée.

N'ouvrez un PERP que si le montant de votre impôt sur le revenu est élevé : les avantages fiscaux du PERP sont en effet surtout intéressants pour les contribuables fortement imposés (voir plus loin dans ce chapitre).

Sachez enfin que le montant de la rente n'est pas garanti. Avec la plupart des PERP, vous ne connaîtrez le montant de la rente à laquelle vous aurez droit qu'au moment de votre retraite. En effet les contrats précisent que le taux de conversion de l'épargne en rente dépendra de ce qu'on nomme les « tables de mortalité », qui permettront de déterminer quelle sera statistiquement l'espérance de vie du retraité !

■ La fiscalité du PERP

Les sommes versées sur le PERP sont déductibles dans la limite d'une enveloppe égale à 10 % des revenus d'activité professionnelle de l'année N – 1, eux-mêmes plafonnés à 8 fois le plafond de la Sécurité sociale (voir page 160 les calculs de l'enveloppe fiscale et du montant réellement déductible).

Il faut savoir qu'au moment de percevoir les capitaux épargnés, l'avantage fiscal peut être repris. En effet, **les rentes sont imposables** : elles s'ajoutent aux pensions perçues et sont taxées au taux marginal d'imposition, après abattement de 20 %. Elles sont également soumises aux cotisations sociales.

Voici une synthèse des avantages fiscaux du PERP.

Taux marginal d'imposition en période d'activité *	Taux marginal d'imposition en période de retraite **
Élevé : PERP fiscalement avantageux	Élevé : PERP fiscalement non avantageux
Faible : PERP fiscalement non avantageux	Faible : PERP fiscalement avantageux

* L'économie d'impôt est d'autant plus importante que le contribuable est lourdement imposé.
** L'impôt prélevé sur la rente est d'autant plus important que le contribuable est lourdement imposé.

Conclusion, **le PERP n'est intéressant sur le plan fiscal que** :

- **si le contribuable perçoit de hauts revenus en période d'activité** ;
- **et si son taux d'imposition baisse de façon sensible en période de retraite**... hypothèse hélas plausible compte tenu de la baisse probable des revenus après la cessation d'activité (voir page 149 la question du taux de remplacement).

Les modalités de souscription

Vous pouvez souscrire individuellement votre PERP auprès de l'établissement financier de votre choix. Trois modalités de gestion sont proposées :

- **Le PERP en euros**, synonyme de sécurité totale. Les gains enregistrés une année donnée sont définitivement acquis. Ces fonds sont constitués essentiellement d'obligations. En contrepartie, les rendements sont relativement faibles.
- **Le PERP en unités de compte**, à gestion dite « sécurisée ». Les fonds sont investis principalement en actions françaises. Leur valeur est donc susceptible de fluctuer, avec évidemment pour conséquence la baisse de l'épargne accumulée et donc de la rente perçue au moment de votre retraite. Pour limiter ces risques, les pouvoirs publics ont prévu qu'une part de l'épargne soit affectée à un fonds en euros, part qui s'accroîtra au fur et à mesure qu'approchera l'âge de la retraite.
- **Le PERP en gestion libre.** Dans ce cas, vous arbitrez vous-même entre les divers fonds proposés. Cette formule est déconseillée à ceux dont les connaissances financières sont modestes.

La préparation de votre retraite. Les contrats « article 83 » et « article 39 »

Ces articles du Code général des impôts font référence à des systèmes de retraite mis en place par les entreprises pour certains de leurs salariés.

Les contrats « article 83 » sont des contrats de retraite dits « **à cotisations définies** ». Votre entreprise vous accorde la possibilité d'adhérer à une convention d'assurance destinée à vous procurer un complément de retraite. Votre entreprise verse tout ou partie des cotisations, lesquelles fructifient sur votre compte individuel. Vous conservez les sommes versées sur ce compte même si vous quittez l'entreprise. Au moment de votre retraite, les fonds investis et les intérêts dégagés vous sont versés sous forme de rente viagère. Celle-ci est imposable et supporte les cotisations sociales.

Les contrats « article 39 » sont des contrats de retraite dits « **à prestations définies** ». On parle également dans ce cas de « **retraite chapeau** ». Votre entreprise s'engage à vous verser au moment de votre retraite une rente viagère égale à un pourcentage déterminé de votre dernier salaire. Elle prend en charge la différence entre le montant des retraites que vous percevez et le complément qu'elle s'est engagée à verser. Ce type de complément de retraite concerne essentiellement les dirigeants. Elle n'est perçue que si l'intéressé est encore dans l'entreprise au moment où il liquide ses droits. La rente est imposable et supporte les cotisations sociales.

Le plan d'épargne retraite collective (PERCO)

L'essentiel à connaître

Comme le PERP, le PERCO a été créé par la loi Fillon du 21 août 2003. Il permet aux entreprises d'aider leurs salariés à se constituer un complément de revenu pour la retraite.

Le PERCO ne peut être mis en place que par un **accord collectif** et à condition qu'existe déjà un plan d'épargne d'entreprise.

Comme le PERP, le PERCO est **bloqué jusqu'à la retraite**.

Mais le système est très souple. Il peut en effet recueillir, outre votre **épargne**, les fonds versés par l'entreprise au titre de l'**intéressement** et de la **participation**.

À la différence du PERP, le PERCO permet de disposer de vos économies **soit sous forme de capital, en une ou plusieurs fois, soit sous forme de rente viagère, soit avec un panachage des deux**.

Un PERCO peut être créé au niveau de plusieurs entreprises : PERCOI (I pour interentreprise).

Les sommes investies sont bloquées jusqu'à votre retraite, sauf cas de sortie anticipée (achat de sa résidence principale, décès du conjoint, invalidité, expiration des droits à l'assurance chômage, surendettement, remise en état de sa résidence principale endommagée par une catastrophe naturelle).

La fiscalité du PERCO

À la différence du PERP, **le PERCO peut bénéficier aux contribuables modestes.**

- En cas de sortie en capital : les plus-values sont exonérées d'impôt, mais elles supportent les prélèvements sociaux de 11 %.
- En cas de sortie en rente : la rente est imposée au titre de l'impôt sur le revenu, mais avec un fort abattement (de 60 % à 70 % selon l'âge).

Le PERCO bénéficie de l'**abondement** de l'entreprise, qui échappe à l'impôt sur le revenu et aux charges sociales salariales et patronales, mais supporte les prélèvements sociaux.

Les modalités de souscription

Deux types de gestion sont proposés :

- une **gestion pilotée** : la société de gestion choisit les investissements avec pour objectif de sécuriser vos avoirs à l'approche de la retraite, en diminuant la part des actions ;
- une **gestion libre** : vous « faites votre marché » parmi les différents supports d'investissement disponibles. Cette formule est déconseillée à ceux dont les connaissances financières sont modestes.

Ainsi, la gestion du PERCO est moins encadrée que celle du PERP : vous disposez de plus de latitude pour piloter votre épargne retraite.

Le plan d'épargne retraite d'entreprise (PERE)

L'essentiel à connaître

Créé lui aussi par la loi Fillon du 21 août 2003, le PERE constitue une nouvelle solution de retraite collective. L'entreprise propose aux salariés couverts par ce contrat d'y effectuer des **versements individuels et facultatifs** qui bénéficient de déductions fiscales spécifiques.

Ces versements sont déductibles dans la limite d'une enveloppe égale à 10 % des revenus d'activité professionnelle : voir plus loin « Enveloppe fiscale et montant réellement déductible ».

Comme le PERP, **le PERE est fiscalement intéressant pour les contribuables fortement imposés.**

Enveloppe fiscale et montant réellement déductible

Si les montants épargnés dans le cadre de la constitution de votre épargne retraite sont déductibles de votre revenu imposable dans la limite maximale de 10 % de vos revenus d'activité professionnelle, certains éléments doivent être soustraits de cette enveloppe pour calculer le montant réellement déductible.

ZOOM TECHNIQUE

Le montant réellement déductible de votre revenu imposable

Il est égal à :

Enveloppe fiscale de 10 % de vos revenus d'activité professionnelle de l'année N – 1 (avec un plafond égal à 8 fois le plafond annuel de la Sécurité sociale).

MOINS

Cotisations retraite versées par vous-même ou par votre entreprise :

- alimentation du PERE ;
- abondement versé dans le cadre du PERCO.

Soyez toujours à l'affût des aubaines

Sachez payer moins d'impôts

Il est déconseillé d'opter pour un placement pour des raisons uniquement d'économies d'impôt. Par ailleurs, la recherche systématique de **niches fiscales** n'est pas toujours justifiée. Cependant, savoir payer moins d'impôts constitue une préoccupation légitime.

Rappelons aussi que vous ne devez pas vous contenter de rechercher des **économies d'impôts**, mais également **utiliser les fonds les moins imposés.**

Sachez emprunter

Rappelons l'avantage d'emprunter — modérément — pour **profiter des circonstances** (baisse des taux des crédits, accélération du taux d'inflation…). Sachez également profiter des **aides des pouvoirs publics** (par exemple, dans le domaine de l'immobilier) et des **crédits *discount***.

■ Les prêts aidés immobiliers

À côté des « prêts du secteur libre », c'est-à-dire qui ne bénéficient d'aucun avantage particulier, il faut distinguer : les prêts du secteur réglementé et les prêts du secteur aidé, tel le prêt à taux zéro (PTZ).

Les prêts du secteur réglementé comprennent :

- les **prêts épargne logement** accordés à des conditions avantageuses pour ceux qui ont constitué une épargne préalable sur un plan d'épargne logement (PEL) ou un compte épargne logement (CEL). Si vous êtes titulaire d'un PEL ou d'un CEL, vous pouvez bénéficier d'un prêt immobilier à un taux intéressant et d'une prime de l'État ;
- les **prêts conventionnés** (PC), dont les taux sont très intéressants, accordés sans conditions de ressources. Le prix du logement acheté ou construit est plafonné ;
- les **prêts à l'accession sociale** (PAS) consentis sous certaines conditions de ressources, et dont les taux sont particulièrement avantageux ;
- l'**aide personnalisée au logement** (APL), octroyée par les caisses d'allocations familiales en fonction de nombreux critères.

Les prêts du secteur aidé comprennent :

- Un autre avantage dont vous pouvez bénéficier : le « **1 % patronal** ». Si vous travaillez dans une entreprise de plus de 10 salariés, vous pouvez bénéficier d'un prêt immobilier à un taux compris entre 1 % et 3 %. Le montant de ce prêt est limité en fonction des régions. Il ne peut financer plus de 50 % de votre achat.
- Le **prêt à taux zéro (PTZ)** est un prêt sans intérêts destiné à favoriser l'accession à la propriété des ménages modestes. Il est réservé à ceux qui ne sont pas propriétaires d'un autre bien immobilier depuis plus de 2 ans. Il doit permettre d'acheter une résidence principale et non une résidence secondaire. Les plafonds de ressources et de prêts sont modulés selon les zones géographiques et selon la composition de la famille. Ils ont été assouplis en 2005, le prêt à taux zéro

devenant accessible à des ménages plus aisés. Le prêt à taux zéro ne peut financer plus de 20 % de l'achat ; il vient donc en complément d'autres prêts.

Le crédit *discount*

Au-delà des prêts aidés par les pouvoirs publics, il peut être aussi avantageux de bénéficier de la politique de crédit *discount* menée par les banques, les établissements financiers et divers concurrents.

Mais quels que soient les avantages mis en avant dans le cadre de ces « opérations séduction », veillez à toujours contrôler l'évolution de votre endettement.

Sachez vous désendetter

En matière de désendettement, il peut être intéressant d'opter dès aujourd'hui pour le **remboursement de certains crédits**, spécialement bien sûr les crédits les plus chers.

En cas de baisse des taux d'intérêt, quatre solutions sont possibles :

- **le remboursement anticipé total** : il consiste à mettre fin au crédit en payant le montant restant dû. Il s'accompagne en général de pénalités pour remboursement anticipé. Il suppose bien évidemment une disponibilité de fonds suffisante pour mettre fin au crédit ;
- **le remboursement anticipé partiel** : il consiste à rembourser une partie du capital restant dû. Il s'accompagne lui aussi de pénalités ;
- **le refinancement** : il consiste à mettre fin au prêt initial et à le remplacer par un autre prêt. Il est en général soumis aux pénalités de remboursement anticipé et s'accompagne de nouveaux frais de dossier ;
- **la renégociation** : elle consiste à trouver un accord avec son banquier pour qu'il accepte de réduire le taux du crédit. Elle peut s'accompagner de la facturation de frais de dossier. La renégociation auprès de sa propre banque est en général plus facile et moins coûteuse qu'auprès d'une banque concurrente.

Précisons que la renégociation est généralement plus intéressante pour les **prêts nouveaux** que pour ceux conclus antérieurement. En effet, avec des crédits classiques, les mensualités des premières années sont en majorité consacrées au paiement des intérêts. Ainsi, renégocier un prêt très tôt permet de bénéficier durant une assez longue période d'un différentiel d'intérêt qui peut être avantageux.

Profitez de l'abondement de votre entreprise

Versé par votre entreprise, l'abondement est un **bonus qui complète votre effort d'épargne personnelle** dans le cadre du PEE ou du PERCO. L'abondement suppose un versement volontaire préalable de votre part.

L'abondement annuel est limité à 2 300 € au titre du PEE et à 4 600 € au titre du PERCO. Si votre entreprise vous permet de disposer des deux plans, vous pouvez ainsi bénéficier chaque année d'un **abondement total de 6 900 €**.

En outre, la somme versée par l'entreprise ne peut dépasser le triple de vos versements volontaires. **L'abondement peut ainsi permettre de multiplier par trois l'épargne placée**, ce qui constitue un réel avantage.

Témoignage

Ne jamais oublier de bénéficier de l'abondement

« Il est évidemment dommage de ne pas profiter de l'abondement qu'offre l'entreprise, puisque celui-ci peut être très avantageux.

« Comme beaucoup de mes collègues de bureau, j'alimente mon PEE de façon à profiter du maximum d'abondement. Ainsi, plutôt que d'orienter mes économies vers d'autres types de placement, je les consacre en priorité à mon épargne salariale.

« Et je ferai bien sûr la même chose quand l'entreprise nous proposera un PERCO. »

Dominique Pasteur, Saint-Aignan

Notez que la politique d'abondement dépend des entreprises, celles-ci étant plus ou moins généreuses vis-à-vis de leurs salariés : certaines se contentent de verser le montant minimal prévu par la loi (c'est-à-dire de prendre en charge des frais de tenue de compte), alors que d'autres optent pour une politique d'aide substantielle à la constitution de l'épargne salariale.

Saisissez toutes les opportunités... tout en restant prudent

Le ***cash-back***, initié par les banques sans guichets (banques par Internet) et aujourd'hui pratiqué par les banques traditionnelles et les acteurs de la grande distribution, consiste dans **le remboursement d'un pourcentage des dépenses effectuées par carte de paiement ou carte de crédit**. Si le taux de remboursement est en général très faible, il serait dommage de ne pas profiter de cet avantage, même minime... à condition cependant que celui-ci ne pousse pas au surendettement. Il serait en effet ridicule et dangereux d'acheter plus en s'endettant, pour gagner très peu au final !

De plus, sachez que les avantages que proposent les cartes (remboursements, réductions, cadeaux...) sont très inégaux : moins de 1 % du montant des achats pour certains supermarchés et stations-service et près de 10 % pour des compagnies aériennes et des loueurs de voitures.

Les **cadeaux** qu'offrent diverses enseignes à leurs clients supposent parfois une longue (et coûteuse) fidélité. **Combien faut-il dépenser en un an pour obtenir en fin d'année deux tasses à café ou une serviette-éponge ?**

Rappelons enfin qu'il peut être intéressant de profiter des **rémunérations attractives** que proposent parfois les banques pour attirer de nouveaux clients ou inciter les clients actuels à faire des versements importants.

Étudiez avec attention les **propositions** que vous font les commerçants, les banquiers, les assureurs. Certaines de ces propositions PEUVENT être réellement avantageuses. Tel est le cas par exemple de la possibilité de gérer gratuitement vos comptes à distance par le biais d'Internet ou celui du téléphone, les banques traditionnelles entrant dans ce domaine en compétition directe avec les banques sans guichets.

Pouvez-vous vous autoriser un grain de folie ?

La **Bourse** est souvent présentée comme un casino, où il est possible de gagner beaucoup, mais aussi bien évidemment de perdre tout ce qu'on a investi (ou au moins une grande partie).

Si la réflexion et le sérieux sont à la base de la constitution d'un patrimoine, ne peut-on pas néanmoins, de temps en temps, s'autoriser un grain de folie ? En quoi cela peut-il consister ?

- **Acheter et vendre des actions dont les cours sont volatiles** (c'est-à-dire qui évoluent de façon très importante sur une courte période) ;
- **Investir dans des produits risqués** : *warrants*, *trackers*, certificats, fonds communs de placement dans l'innovation (FCPI).

Les *warrants*

Ce sont des titres qui donnent, pour une période déterminée, **le droit d'acheter (*call*) ou de vendre (*put*) un actif à un prix donné**. Pour une mise initiale modeste, les *warrants* permettent d'**amplifier les variations** en Bourse d'une valeur, d'un indice ou d'une devise. Il est par exemple possible de dégager des gains de 10 % quand l'indice CAC 40 progresse de 1 %... mais, inversement, de perdre 10 % quand le même indice perd 1 % !

Les *trackers*

Les *trackers* sont des **fonds indiciels cotés en Bourse répliquant les fluctuations d'un indice** (CAC 40 à Paris, Dow Jones ou Nasdaq à New York, Nikkei à Tokyo, etc.) **ou d'une série de valeurs** (secteurs de l'informatique, de la pharmacie, des médias...). Ils sont négociés par le biais du SRD. Comme les *warrants*, ils permettent de dégager des plus-values très élevées, mais comportent en contrepartie des risques importants.

Les certificats

Les certificats sont des valeurs mobilières cotées en Bourse émises pour une durée déterminée. Ils permettent d'investir sur des supports financiers variés : actions, indices boursiers, taux d'intérêt, or, matières premières... À l'échéance, les certificats sont remboursés selon les conditions fixées à l'origine. Cotés en continu, ils peuvent être achetés et vendus très facilement. Comme les *warrants* et les *trackers*, les certificats amplifient les variations du support ; ils permettent ainsi de réaliser des gains plus rapides mais avec une prise de risque plus importante.

Les fonds communs de placement dans l'innovation (FCPI)

Ces fonds sont gérés pour le compte des particuliers par des professionnels de la finance. Ils sont investis à hauteur de 60 % minimum dans des sociétés non cotées innovantes ou consacrant des budgets élevés à la recherche. Ils bénéficient d'avantages fiscaux importants (fortes réductions d'impôts et exonération des plus-values) mais ce sont des placements très risqués.

Que faire vis-à-vis des produits risqués ?

Deux solutions sont possibles :

1. Investir dans ces produits des montants modestes, et à une double condition :

- **consacrer suffisamment de temps à étudier leurs mécanismes** afin de bien comprendre vers quoi vous vous engagez... et quels risques vous courez ;
- **suivre chaque jour l'évolution des cours.**

Cette double condition suppose une disponibilité de temps suffisante. Une orientation, modeste, vers des produits risqués est ainsi peut-être plus facile pour ceux qui ont cessé leur activité.

2. Prendre des risques importants mais pour des montants très limités :

- **prendre des risques importants** signifie accepter une **forte probabilité de perte**... mais également, de façon parallèle, une **forte probabilité de gain**, d'où l'intérêt de l'opération ;
- **pour des montants très limités, donc n'impactant le budget familial que de façon très faible.**

Ainsi, en cas de perte, celle-ci sera toujours minime (puisque l'investissement est faible). Mais le gain pourra être très élevé (puisque les cours peuvent fluctuer fortement).

Vous prenez donc le risque de perdre un peu pour gagner beaucoup.

Si vous pouvez vous autoriser un grain de folie, celui-ci ne peut être que limité : il est en effet essentiel de ne pas spéculer avec l'argent nécessaire au budget de la vie de tous les jours.

Pouvez-vous « faire des coups », c'est-à-dire acheter et vendre dans l'optique de réaliser à court terme des plus-values élevées, en un mot spéculer ? Oui, à condition que les montants engagés restent minimes.

Faut-il ou non acheter de l'or ?

L'or est considéré comme **la valeur refuge par excellence**, plus encore que l'immobilier, qui peut être saisi facilement... ce qui n'est pas le cas des pièces ou des lingots que vous aurez enterrés au fond de votre jardin ! Cependant, si les liquidités rapportent des intérêts, l'or ne rapporte rien ; vous ne pouvez espérer qu'une **plus-value** lors de la revente. Cette plus-value peut être très importante... ou se transformer en perte : sachez en effet que **le cours de l'or peut varier brutalement** selon les événements internationaux (politiques, économiques, militaires...). Si vous choisissez de spéculer sur l'or, vous pouvez acheter auprès de votre banquier un lingot (un kilo) ou des pièces (notamment les célèbres « napoléons » qui sont des pièces de 20 grammes) que vous rangerez dans votre coffre et que vous éviterez de manipuler afin de ne pas les endommager !

Conclusion

Quelles que soient les orientations choisies pour gérer votre patrimoine, de façon générale, **VIGILANCE**, **VOLONTÉ** et **RÉALISME** constituent les mots d'ordre pour quiconque veut devenir riche.

Ils doivent à ce titre être le guide de vos actions de tous les jours.

Conclusion générale

Tels sont les principaux conseils qui peuvent être donnés pour constituer un patrimoine et devenir riche.

Vous avez lu ; vous avez rempli les différents tableaux susceptibles de vous faciliter la tâche.

Appropriez-vous maintenant le contenu de ce livre. Soulignez vous-même les points qui vous semblent les plus importants et ceux qui vous paraissent les plus difficiles à appliquer.

Et, bien évidemment, mettez tout de suite en pratique ces conseils. Suivez-les de façon scrupuleuse.

Vous pourrez constater rapidement leur bien-fondé, en voyant progresser d'année en année votre bilan patrimonial et en constatant que la gestion de votre budget est non seulement plus facile que vous ne l'imaginiez avant de lire ce livre, mais également très efficace puisqu'elle vous permet de devenir riche.

Maintenant que vous savez ce que les riches savent et que vous êtes en mesure de faire ce qu'ils font, la possibilité de devenir riche à votre tour vous est offerte.

Décidez au plus vite d'en profiter.

Table des matières

Imprimé en France. - JOUVE, 11, bd de Sébastopol, 75001 PARIS
N° 417243F. - Dépôt légal : décembre 2006